はじめてでも コツ がわかるから失敗しない

パン作りが
楽しくなる本

完全感覚ベイカー 著

KADOKAWA

はじめに

私がパン作りを教える上で一番大切にしていることは、
「意味を知ってもらうこと」です。

なぜこの材料が入るのか、なぜこねるのか、なぜ発酵が必要なのか、
なぜこの温度で焼くのか……。

パン作りにおける疑問の「意味」を知ると、成功する方法も
失敗する方法もわかるようになってきます。
レシピに指示されるがままに作るパンよりも、自分で確信を持って作る
パンのほうが、失敗しなくなりますし、なにより何倍も楽しいのです！

2018年にYouTubeでパン作りの動画の投稿を始めて、
今までたくさんの方にご視聴頂き、動画を真似してパンを作って頂きました。

この本は、私の動画の中でも人気の高いパンを中心に、
しっかりパン作りの力が身につくような構成になっています。
これからパン作りを始める人でも失敗なく作れるように、
新しく扱いやすい生地の配合でレシピを作りました。
がんばってパンを作ろうとする人を少しもつまずかせたくないので、
この本のためだけの動画レッスンもつけています。

パンは上手に焼けるととても嬉しいですし、
誰かに美味しいねって言って食べてもらうことも、すごく嬉しいことです。
パン作りは自分の成長も実感できて、人に喜んでもらえる
「最高の趣味」だと、私は思っています。

そんなパン作りで感じられる喜びを、
この本を通して伝えられたら幸いです。

完全感覚ベイカー

CONTENTS

PART 1
目指す食感で学べる
基本のパンLESSON

PART 2
「こね」をがんばらなくても 作れるパン

PART 3

バリエーションを楽しんで。
アレンジ力が身につくパン

この本の使い方

・強力粉は「カメリヤ」、薄力粉は「バイオレット」を使用しています。ほかの商品を使って作る場合は、加える水分量が多少変わる可能性があるので、様子を見てかげんしてください。

・砂糖は上白糖を、バターは食塩不使用のものを使用しています。

・生地を発酵させる時は、オーブンの発酵機能を利用しています（オーブンの取扱説明書を確認して使用する）。発酵機能がない場合はp.6を参照してください。

・生地の発酵状態が見えやすいように、一部ラップを外した状態で比較しています。

・オーブンの焼成温度と時間は電気オーブンを基本にしています（ガスオーブンの場合は温度を10℃下げる）。機種によって焼き具合に多少差があるので、レシピの温度と時間を参考に、様子を見て調整してください。

・室温は20−25℃前後を想定しています。

・電子レンジは600Wを基準にしています。

デザイン／Permanent Yellow Orange　野澤享子
撮影／三木麻奈　スタイリング／久保田朋子
校正／麦秋アートセンター　編集担当／宇並江里子

パン作りの基本

まず、かんたんに、
パンは
どうやって
できるの？

1
量ってこねる
生地作り

⏱ 作業時間目安
10-20min

材料は、1g単位で量れるスケールを使って、正確に量りましょう。こね方は「生地」によって違います。目指す食感の生地のこね方をマスターしましょう。

―――― POINT ――――

パンをこねる場所は、キッチンの作業台や、テーブルの上で。作業台はキッチン用アルコールなどで除菌すれば、そのままこねてもOK。または市販の「こねマット」を使っても。

人工大理石やシリコン、木製など、さまざまなマットが売られています。

こねマット

2
発酵させる
一次発酵

⏱ 作業時間目安
50-60min

生地をイーストが活動しやすい温度（32〜35℃）におき、1回目の発酵をさせます。発酵は時間よりも生地の大きさを目安にしましょう。

―――― POINT ――――

この本ではオーブンの発酵機能を利用する。時間がかかるが、暑い季節は室温でも。また、下記の方法でも発酵させることができる。

フライパンに約50℃の湯を張って（ボウルを入れた時に生地の高さくらいまで）、オーブンの発酵機能と同じ時間おく（発酵の目安は大きさで）。

小麦粉 + 塩 + イースト + 水 +圧力（こね）

「小麦粉+塩+イースト+水」をこねることによって力が加わり、グルテンという
たんぱく質（網目状）ができて生地どうしがつながっていきます。
イーストは生地の中の糖分を栄養にして、発酵していきます。
発酵する時にイーストが作ったガスがグルテンの網目にたまって、生地がふくらむのです。
このイーストの発酵によって作られた気泡やうまみを含んだ生地を焼くと、美味しいパンになります！
ちなみに、このパンができるもとになる「小麦粉、塩、イースト、水」は基本材料と言い、
そのほかに加える材料は副材料と言います。

※パン作りに必要な材料と役割について、詳しくはp.8を見てください。

3	4	5
形を作る →	**もう一度発酵させる** →	**焼く**
成形	最終発酵	焼成
◎ 作業時間目安	◎ 作業時間目安	◎ 作業時間目安
10-15min	30-60min	10-25min

生地を分割して、休ませてか
ら（ベンチタイム）、形を作り
ます。

成形などでガスが抜けてし
まった生地を、もう一度発酵
させます。

オーブンで焼きます。
※この本ではすべて下段を使用します。

— POINT —
「ベンチタイム」は、分割して丸めた
生地を少し休ませることによって、
生地がゆるんで成形がしやすくする
ための時間。

— POINT —
成形がない生地など、最終発酵の
必要がないパンもある。

— POINT —
焼き上がったらすぐに、オーブンから
出してあら熱をとる。

＼焼き上がり！／

天板の上で最終発酵させるパンを、
オーブンではなく湯を使って発酵さ
せたい時は、バットに50℃の湯を張
ってその上にのせて、オーブンの発
酵機能と同じ時間おく（発酵の目安
は大きさで）。

パン作りに必要な材料

基本材料は4つ！

パンを作る時に最低限必要になる材料がこの4つ。
それぞれの役割を理解しておきましょう。

小麦粉

本書では強力粉は「カメリヤ」
薄力粉は「バイオレット」を使用

パン作りで主に使うのは「強力粉」。
強力粉に水分を加えてこねること
でグルテンができ、そのグルテン
の網目がイーストの生み出すガス
を抱え込み、焼いた時にしっかり
ふくらむ。パンによっては「薄力粉」
を加えるケースも。

強力粉と薄力粉の違い

どちらも小麦粉だが、グルテンのもととなるた
んぱく質の含有量が異なる。強力粉で作ると
グルテンが多く形成され、もっちりと弾力の
あるパンになる。薄力粉はたんぱく質の含有
量が少ないため、さっくりと歯切れのよい食
感になる。軽い食感のパンを作りたい時に強
力粉とブレンドして使う。

インスタントドライイースト

本書では「ドライイースト」と表記。
イースト菌の働きによってパンが
発酵し、生地がふくらむ。顆粒で
扱いやすく、粉や液体に直接振り
入れて使える。開封後は密閉して
冷蔵室で保存する。3gずつの分
包タイプの商品もある。

塩

本書では
「粗塩（天然の塩）」を使用

塩は味つけのほかに、グルテンを
引き締める働きがある。精製塩は
重量が異なるため、必ず粗塩を使
うこと。

水

小麦粉に水分を加えてこねること
で、グルテンが形成される。また、
イーストが活発に働く温度は32
～35℃で、生地の温度が冷たい
と発酵しにくくなるため、温めた水
を使う（ぬるめのお風呂くらいの
温度・40℃前後が目安）。

副材料

基本材料以外に加える食材。コクや風味をプラスするほか、
配合によって食感のバリエーションが広がります。

砂糖

本書では上白糖を使用

甘みを加えるほか、保水性があるためパンにやわらかさが出て、日もちもよくなる。糖分はイーストの栄養にもなる。

バター

食塩不使用タイプを使用

風味が増すほか、生地が伸びやすく焼成時にボリュームが出る。室温でやわらかくした状態で生地にまぜること。

牛乳

成分無調整を使用

仕込み水のかわり（または一部）に使うと、生地にミルクの風味とコクが加わる。生地が引き締まりやすく、焼き色がつきやすくなる。

卵

風味とコクが増す。卵に含まれるレシチンには乳化作用があり、パンをしっとりやわらかくする効果がある。

その他の材料

糖分や油脂、乳製品など副材料の仲間をはじめ、
役割に応じて使用している特徴的な材料をご紹介します。

＼ 砂糖の
かわりに ／

水あめ

主成分は麦芽糖で焼き色がつきにくくなる。保水性があるため、しっとりふんわりとしたパンに仕上がる。

はちみつ

保水性が高く、焼いてから時間がたってもしっとりした状態をキープ。また、焼き色がつきやすい特徴がある。

プレーンヨーグルト

ヨーグルトの乳酸菌とイースト菌の相乗効果で、天然酵母で作ったような深みのある味に仕上がる。

＼ 水分の一部
として ／

生クリーム（純正）

乳脂肪分36%のものを使用。コクがあって口どけがよく、しっとりソフトな食感のパンに。ホイップクリーム（植物性脂肪入り）はNG。

＼ バターの
かわりに ／

オリーブ油

オリーブ油の香りをまとわせたいパンに。バターを練り込む生地に比べ、あまりふくらまず、さっくりと歯切れのいい食感になる。

マッシュポテトの素

原料はじゃがいもでデンプンが多く、生地に加えるともっちりした食感に。カレーパンではカレーを包みやすくするために使う。

＼ そのほか ／

上新粉（米粉）

うるち米を加工した粉で、グルテンを含まないのが特徴。生地どうしのくっつき防止や、切り込み（クープ）を入れやすくするために振る。

強力粉（カメリヤ）、薄力粉（バイオレット）、インスタントドライイースト、粗塩、上白糖、水あめ、はちみつ、生クリーム（中沢フレッシュクリーム36%）、オリーブ油（バルベーラアリーヴェEVオリーブオイル）、マッシュポテトの素（マッシュポテトフレーク）、上新粉／富澤商店

目指す「食感」を知ろう！

仕上がりの「食感」が一目でわかる表です。目指す食感ごとの「パンの種類」と
「生地の特徴」を知っておくと、パン作りの工程の意味が、よりわかるようになります。

食感マトリックス

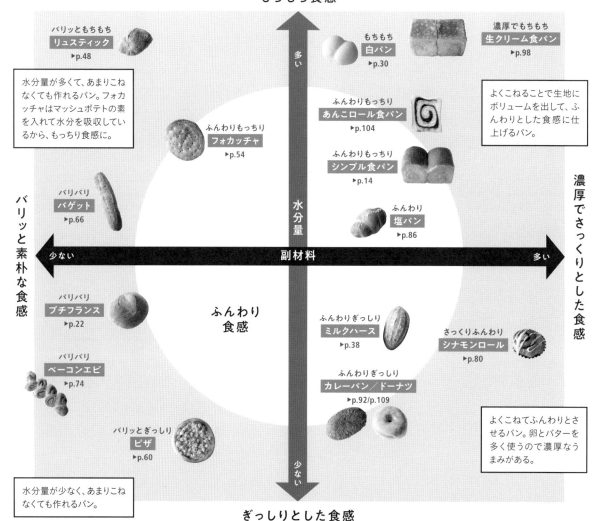

もちもち食感

水分量 多い

バリッともちもち
リュスティック
▶p.48

水分量が多くて、あまりこね
なくても作れるパン。フォカ
ッチャはマッシュポテトの素
を入れて水分を吸収してい
るから、もっちり食感に。

もちもち
白パン
▶p.30

濃厚でもちもち
生クリーム食パン
▶p.98

ふんわりもっちり
あんこロール食パン
▶p.104

よくこねることで生地に
ボリュームを出して、ふ
んわりとした食感に仕
上げるパン。

ふんわりもっちり
フォカッチャ
▶p.54

ふんわりもっちり
シンプル食パン
▶p.14

バリッと素朴な食感　少ない

バリバリ
バゲット
▶p.66

ふんわり
塩パン
▶p.86

副材料　多い　濃厚でさっくりとした食感

ふんわり
食感

バリバリ
プチフランス
▶p.22

ふんわりぎっしり
ミルクハース
▶p.38

さっくりふんわり
シナモンロール
▶p.80

バリバリ
ベーコンエピ
▶p.74

ふんわりぎっしり
カレーパン／ドーナツ
▶p.92/p.109

よくこねてふんわりとさ
せるパン。卵とバターを
多く使うので濃厚なう
まみがある。

バリッとぎっしり
ピザ
▶p.60

水分量が少なく、あまりこね
なくても作れるパン。

ぎっしりとした食感

少ない

水分量の多いパン	水分が多いと火が通りにくいため、高温で焼くので表面はバリッとします。内側には水分が残るので、中はしっとりとします。
水分量の少ないパン	水分が少ないので小麦粉どうしが詰まった感じになり、密度の高いしっかりとした感じのパンになります。
副材料が多いパン	バターや卵のコクやうまみが強い、リッチなパンに仕上がります。
副材料の少ないパン	使う材料がシンプルなので、小麦本来の味と発酵の味わいがするパンになります。

ステップアップチャートで
パン作りが上達！

この本に掲載のパンは、どのパンから作ってもOKですが、技術を磨くためによいパン作りの順番があります。
パン作りに必要な技術の難易度がわかる表と、ステップアップチャートを参考にしてみてください。

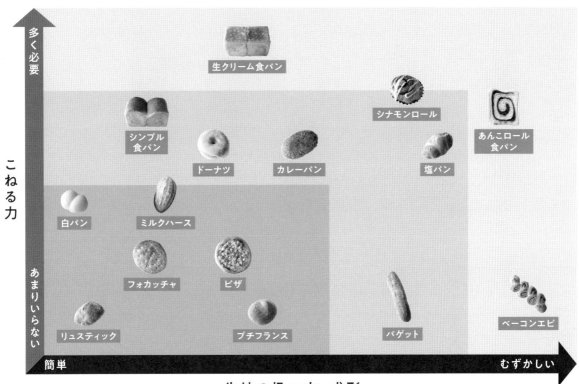

こねる力

多く必要 ← → あまりいらない

生クリーム食パン

シンプル食パン
ドーナツ
カレーパン
シナモンロール
あんこロール食パン
塩パン

白パン
ミルクハース
フォカッチャ
ピザ
バゲット
ベーコンエビ

リュスティック
プチフランス

簡単 ← → むずかしい

生地の扱い方・成形

ステップアップチャート

1 こねる力が身につく
台の上で生地をこねる力が、右にいくほど必要になり、段階的にこねる力が身につきます。

白パン ▶p.30 ▶▶▶ シンプル食パン ▶p.14 ▶▶▶ 生クリーム食パン ▶p.98

2 生地の扱いが上手になる
水分の多い生地のまとめ方を学びながら、右にいくほど成形の技術もステップアップしていきます。

リュスティック ▶p.48 ▶▶▶ プチフランス ▶p.22 ▶▶▶ バゲット ▶p.66 ▶▶▶ ベーコンエビ ▶p.74

3 いろいろな成形の仕方が身につく

ミルクハース ▶p.38 クープを入れる ▶▶▶ カレーパン ▶p.92 具材を包み込む ▶▶▶ 塩パン ▶p.86 めん棒を使った細かい成形

11

ベーカーズパーセントを活用しよう！

ベーカーズパーセントがわかると、好きな大きさや量のパンが焼けるようになります！
むずかしそうに見えますが、小学校の算数くらいの計算でできます。
慣れてきたらベーカーズパーセントも活用して、パン作りをより楽しんでください。

「ベーカーズパーセント」とは？

小麦粉を100とした時に、ほかに含まれている材料の割合を表したものです。小麦粉に対するパーセンテージがわかれば、でき上がりの量を変えても同じ品質のパンが作れます。

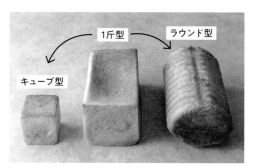

キューブ型　1斤型　ラウンド型

ベーカーズパーセントを使うと、違うサイズの型でも焼けるようになります。

例えば、シンプル食パン（p.14）の生地で、キューブ型の小さい食パンを焼いてみたいなと思った時

	1斤分	ベーカーズパーセント	
強力粉	250g	100 Ⓑ	← 粉類が100となる
砂糖	20g	8	
塩	5g	2	
ドライイースト	3g	1.2	粉に対するそれぞれの材料の%
水	170g	68	
バター（食塩不使用）	20g	8	
生地量	468g	187.2 Ⓐ	

① まず粉の量を計算します

型の体積÷生地の膨張率（3〜3.5）＝生地量

上の計算で出た生地量÷生地量のベーカーズパーセント×粉のベーカーズパーセント＝粉の量

キューブ型の体積は6×6×6＝216cm³
体積216÷膨張率3＝生地量72g
※膨張率は計算しやすい3でOK

生地量72g÷生地量のベーカーズパーセント 187.2（Ⓐ）×粉のベーカーズパーセント 100（Ⓑ）＝粉38.4g

② 次にこの粉の量38gをもとに、ベーカーズパーセントを使ってそれぞれの分量を出していきます。

実際の材料		計算方法（四捨五入する）
強力粉	38g	38×100%（1）＝38g
砂糖	3g	38×8%（0.08）＝約3g
塩	1g	38×2%（0.02）＝0.8→約1g
ドライイースト	0.5g	38×1.2%（0.012）＝0.45→約0.5g
水	26g	38×68%（0.68）＝25.8→約26g
バター（食塩不使用）	3g	38×8%（0.08）＝約3g
生地量	71g	38×187.2%（1.872）＝71.1→約71g

③ この配合で焼いてみましょう！

動画LESSONがついています

それぞれのパンに、動画がついています。
実際の手の動きが見られ、一緒にこねて作れます！

動画LESSON
シンプル食パン1
＊計量〜一次発酵前まで

各ページのQRコードを読み込んでください

PART *1*

目指す食感で学べる
基本のパンLESSON

ふんわり食感を目指して、よくこねるパン。
バリッとした食感に仕上がる、あまりこねずに作るパンなど。
「目指す食感」を意識して作りながら、パン作りの「どうして？」が学べます。

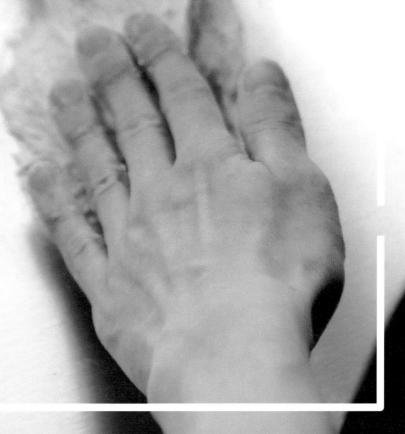

LESSON シンプル食パン

生地の種類　食パン生地　難易度　★★

毎日食べても飽きないようなシンプルな食パンです。生地をこねる、発酵、成形、型で焼くなど、パン作りのひと通りの基本工程がマスターできるので、これを作ると次に作るパンがぐんとラクになります！ ふんわりもっちり食感に仕上げるには、しっかりこねて生地どおしをつなげることが大事です。焼き上がったパンはやわらかいのでそのままでも、トーストしても香ばしくて美味しいです！

HOW TO BAKE WHITE BREAD

目指す食感
ふんわりもっちり

学びのポイント
しっかりと「こねる力」を身につける

材料

	1斤分	1.5斤分	ベーカーズ パーセント
強力粉	250g	400g	100
砂糖	20g	32g	8
塩	5g	8g	2
ドライイースト	3g	5g	1.2
水	170g	272g	68
バター（食塩不使用）	20g	32g	8
生地量	468g	749g	187.2

その他　強力粉…適量
バター（食塩不使用／型用）…5g

memo
食パン型（1斤）
本体が内寸9.5×17.5×高さ9㎝（上部は9.5×18.5㎝）の1斤型を使用。ここでは焼く時にふたを使用しないが、ふたをすれば角食パン（p.98生クリーム食パン、p.104あんこロール食パン）も焼ける。

まずは、作りやすい山型食パンから作りましょう！

1.5斤分を焼くときは
手順12～13で生地を3等分し、手順20で型の両端と中央に入れる以外は、1斤分と同じ。焼成温度は180℃で、時間は30～35分が目安。

準備

▶ 材料をデジタルスケールで量る。

1g単位できっちり量る。

▶ バターは生地用、型用ともに、室温においてやわらかくする。

▶ 水は40℃前後に温める。電子レンジ加熱なら30～40秒が目安。

イーストが活発に働く温度は32～35℃。生地の温度が冷たいと発酵しにくいため、温めた水を使う。

動画 LESSON
シンプル食パン1
＊計量～一次発酵前まで

生地作り ボウルの中でまとめる

▼

1 ボウルに**強力粉、砂糖、塩、イースト**を入れ、**温めた水**を加える。

\ この持ち方だと 力が入る /

2 ゴムべらを使い、粉と水分がなじむようにまぜる。ひとまとまりになったらカードで台にとり出す。

POINT

力を込めてすりつける

強力粉は吸水率が高いため、部分的に水分を多く吸ってしまう。それをまんべんなくなじませるために、途中でゴムべらをグーにした手でつかむように持ちかえて水分をしぼり出すイメージで、ボウルにすりつける。

4 生地を丸める。両手を沿わせ、表面が張って滑らかになるように、台の上で生地の外側を下に入れ込みながら何度か回転させる。

POINT

摩擦を利用する

台の上で回転させる時の摩擦を利用し、生地の表面をきれいにする。手の上で丸める方法（手順14）もあるが、分割前で生地量が多いため、慣れていない人はこの方法がラク。

K.K.Baker

生地をこねるのはなぜ？

パンの弾力とボリュームを出すために必要な作業です。小麦粉は水を加えて圧力をかけるとグルテンができます。グルテンの網目が弾力を作り、その網目にイーストが出すガスがたまるとパンがふくらんで、ボリュームもでます。

\ 疲れたら 休んでもOK /

6 バターがなじんだら生地を丸めて両手で覆い、左右前方に交互に転がしながらこねる。台との摩擦で、生地の表面がなめらかになる。100〜150回が目安。

7 生地をゆっくりと引っ張って伸ばす。薄い膜が張り、反対側の指が透けて見えればOK。均一に伸びなかったり、膜がすぐにちぎれたりするなら、さらにこねる。

POINT

グルテン膜をチェック

薄い膜が張る状態なら、グルテンがしっかり作られている。こねが足りないと、写真下のように膜がちぎれる。

▼

15〜20分
根気よくこねて

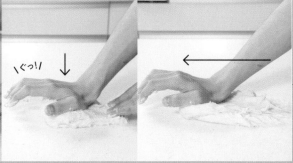

3

**手についた生地は
集めて戻す**

手についた生地は、ときどきカードで落とし、生地のかたまりへ戻す。

生地を半分にたたみ、手のひらのつけ根でぐっと下に押し、遠くまで伸ばす。これをくり返す。まとまるまで時間がかかるが、こねるうちに次第にまとまってくる。弾力が出て少し伸びにくくなるまでこねる（生地の表面は、まだ少し荒れた状態）。

バターを入れてこねる

▼

5

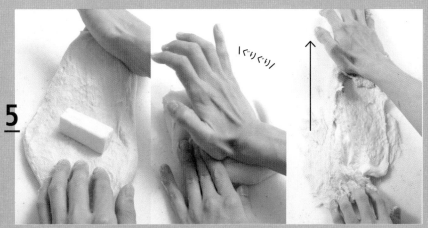

ぐりぐり!

生地を広げて、バターをのせ、生地を折ってかぶせる。手のひらのつけ根で押さえ、ぐりぐりとさせて生地の中でバターをすり込むようにしながら、手順3と同様にこねる。最初は生地がちぎれやすいが、2〜3分するとなじむ。

K.K.Baker

**いい生地の見極めポイント
〜しっかりこねる生地〜**

1 表面がつるんとなめらか

2 押すと弾力がある

3 グルテン膜が薄く張る

8

生地を丸めて最初に使ったボウルに入れ、ラップをかける（このあと一次発酵させる）。

一次発酵

🌡 発酵温度
35℃

🕐 発酵時間
オーブン
50-60min

動画LESSON
シンプル食パン2
＊一次発酵後～焼き上がりまで

＼ラップをかけて！／

＼およそ2倍の大きさが
目安！／

発酵前　　　　　　　　発酵後

9

ラップをかけて一次発酵させる。オーブンの発酵機能を利用し、35℃で50～60分にセットする。およそ2倍の大きさになるのが目安。

╭── **POINT** ──╮

**時間ではなく
大きさで判断する**

粉や水の温度、こね具合などで、生地の発酵がゆっくりになることもあるので、時間ではなく、生地が2倍にふくらむことを判断基準にする。ふくらみが足りない場合は、5分ずつ時間をのばす。

ガス抜きをする

▼

＼気泡はつぶして
OK！／

11

上からやさしく押さえ、生地の中にたまったガスを抜く。全体をまんべんなく押さえる。

K.K.Baker

どうしてガス抜きをするか

生地の中にたまったガスは、イーストが作った二酸化炭素です。イーストは生き物なので、二酸化炭素が充満していると呼吸ができません。そこでガスを抜いて新しい酸素を入れてあげると、イーストの働きが再び活発になるのです。

丸める

▼

＼丸めると、
表面がつるん！／

14

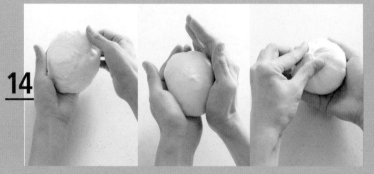

生地の外側を下に入れ込みながら丸くする。小指の側面で生地を押して、手の上をすべらせるイメージ。裏側はつまんでとじ、とじ目を下にしておく。

ベンチタイム 🕐 15分

▼

15

ラップをかけて室温で15分休ませる。

▼

\ OK！/

10

発酵の状態を確認する。指に強力粉をつけ、生地に差し込んで引き抜く。穴があいたままなら、発酵は完了。

POINT

こんな状態はNG

穴がふさがる場合は発酵不足。逆に、写真右のように生地がしぼむ場合は発酵しすぎ（過発酵）。焼くとアルコール臭くなる。過発酵はあと戻りできないので、注意して。

分割する

▼

なるべく
\ 正確に！/

12

生地を計量する。発酵のときに使ったラップを使い回してOK！

13

全量の重さをもとに、均等になるようにカードで2分割する。少ない場合は、多い生地から少し切って足す。

16

生地を休ませている間に、型の内側にバターをまんべんなくぬる。ラップを利用してぬり広げると手が汚れない。

K.K.Baker

生地を休ませる理由

このあと成形の段階に進みますが、こねてすぐは生地の縮む力が強すぎて、伸ばしたり形を変えたりする作業がやりにくいです。生地は休ませると縮む力が弱まり、やわらかくなって扱いやすくなります。この成形のために生地を休ませる時間をベンチタイムと言います。

成形

17 台に打ち粉（強力粉）を振って、生地のとじ目を上にしておく。手で直径15cmくらいに広げる。

カードを差し込んで
折るとスムーズ

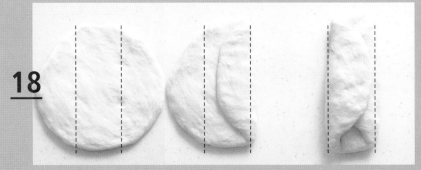

18 生地を左右から⅓ずつ折り、三つ折りにする。

最終発酵

🌡発酵温度
35℃

🕐発酵時間
オーブン
50-60min

型に入れた状態で
ラップをかけて！

発酵前　　　発酵後

21 ラップをかけて最終発酵させる。オーブンの発酵機能を利用し、35℃で50〜60分にセットする。型の深さの8〜9割までふくらめばOK（発酵後、生地はラップをかけて待機）。

POINT

型の深さの8〜9割が目安

成形の時の力かげんやオーブンのくせなどによって、生地の発酵がゆっくりになることもある。時間ではなく、型の深さの8〜9割までふくらむことを目安にする。ふくらみが足りない場合は、5分ずつ発酵時間を追加して。

焼成

🌡温度
190℃

🕐時間
20-23min

23 190℃のオーブンの下段に入れ、20〜23分焼く。

24 焼き上がったらすぐに、型を数回たたいて衝撃を与え、パンを型から出す。パンの中には水蒸気が残っているので、型に入れっぱなしはNG！

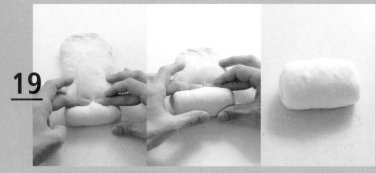

19

手のひらで軽くつぶして厚みをととのえてから、手前を少し折って指でギュッと押さえる。それを芯にして少しずつ巻いては、指で生地を押さえて引き締めるのをくり返し、最後まで巻く。

\ 巻き終わりを 下にして /

20

巻き終わり

巻き終わりを下にして型の端に入れる。残りも同様に巻いて型の反対の端に入れる。最終発酵でふくらむため、間隔をあけて並べること。

予熱する 🌡190℃
▼

22

発酵終了後、オーブンの予熱をする。型で焼くパンの時は、天板もいっしょに温める。

K.K.Baker

パンの保存方法

1～2日で食べきる場合
→ 密閉容器に入れて常温保存

すぐに食べない場合
→ 小分けにして
　フリーザーバッグに入れて冷凍保存

\ 焼き 上がり！ /

25

網にのせて冷ます。中に水蒸気が残っているので、必ずあら熱がとれてから切り分ける。

K.K.Baker

食パンの切り方

食パンの上部はよく焼けてかたく、刃が入りにくい状態です。寝かせて、ほどよいかたさの底の角から切ると、きれいに切れます。

プチフランス

生地の種類	バゲット生地	難易度	★

外はバリッと歯切れよく、中はもっちりとした食感が特徴のフランスパンを、作りやすくて食べやすいミニサイズで作ります。ハード系のパン生地は水分が多くてベチャッとしていて、台の上でこねられません。そこで、ボウルの中で生地を伸ばす＆折る、休ませるという方法で、生地のつながりを作っていきます。力がいらない簡単な作り方なので、はじめての方にもぜひ挑戦してほしいパンです。

材料

	6個分	ベーカーズパーセント
強力粉	200g	100
ドライイースト	2g	1
┌ 水	160g	80
└ 塩	4g	2
生地量	366g	183

その他 強力粉、上新粉（米粉）…各適量

Memo

上新粉（米粉）
米粉はグルテンが含まれていないので、成形時の打ち粉にすると生地がくっつかなくて扱いやすくなり、切り込み（クープ）も入れやすくなる。また、強力粉よりも焼き上がりの表面がパリッとし、粉が残ってニュアンスが出る。

準備

▶ 材料をデジタルスケールで量る。

1g単位できっちり量る。

▶ 水は40℃前後に温める。電子レンジ加熱なら30〜40秒が目安。

イーストが活発に働く温度は32〜35℃。生地の温度が冷たいと発酵しにくいため、温めた水を使う。

HOW TO BAKE PETIT FRANCE

目指す食感
バリバリ

学びのポイント
水分の多い生地の扱い方

動画 LESSON
プチフランス1
＊計量〜一次発酵前まで

生地作り

ボウルの中でまとめる

▼

1

大きめのボウルに**温めた水**と**塩**を入れ、よくまぜてとかす。

2

別のボウルに**強力粉**と**イースト**を合わせ、半量を**1**に加える。ゴムべらでまぜて粉と水分をなじませる。

POINT

粉類は2回に分けて加える

強力粉は吸水率が高いため、一度に全量を加えると、水分の吸収具合にムラができる。粉を2回に分けて加え、そのつどまぜることで、均一に水分が行き渡る。

伸ばす&折る

▼

＼これを／
＼20回！／

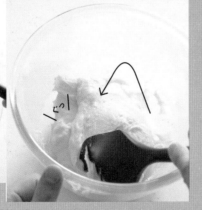

5

ゴムべらで生地をすくい上げて伸ばし、手前に折り、ぐっと押し込む。これを20回行う。

＼20分／
＼休ませる／

6

ラップをかけて、室温で20分休ませる。

K.K.Baker

伸ばして折ってグルテンを作る

こねない分、別の方法で生地のつながりを作る必要があります。生地を伸ばして折る作業をくり返すと生地に力が加わり、グルテンが作られます。1回目と2回目の間に20分休ませることも、生地のつながりを作るために必要なステップです。

3

残りの粉類を加えて、さらにまぜる。粉がまざりにくくなってきたら
ゴムべらをグーの手でつかむように持ちかえて、生地をボウルの
内側に押しつけるようにして、粉っぽい部分をなじませる。

4

ひとまとまりになった
ら、ラップをかけて、
室温で20分休ませ
る。20分後の生地は
粉が吸った水分が全
体に行き渡り、表面
が少し水っぽくなる。

台の上でこねなくてもいい

バゲット生地は水分が多く、台の上でこね
られません。実は、生地はこねる以外にも、
休ませることでグルテンが形成されます。ハ
ード系の軽い食感のパンはグルテンをつな
げすぎないのがポイント。休ませる時間も活
用し、台の上でこねないレシピにしています。

7

伸ばす＆折る作業の2回目。同様に20回行う。1回目に比べて、生地は伸びがよ
い状態に。

いい生地の見極めポイント
〜あまりこねない生地〜

1 生地にハリとツヤがある

2 表面がなめらかで光沢がある

3 ダレずに立体感がある

一次発酵

🌡 **発酵温度**
35℃
⏱ 発酵時間
オーブン
50-60min

\ラップをかけて！/ \フィンガーテストや
ガス抜きはしない/

発酵前　発酵後

8

動画LESSON
プチフランス2
＊一次発酵後〜
焼き上がりまで

ラップをかけて一次発酵させる。オーブンの発酵機能を利用し、35℃で50〜60分にセットする。およそ2倍の大きさになるのが目安。

フィンガーテストや ガス抜きを しないのは、なぜか

水分量が多い生地は、生地がゆるくて、うまく穴が残らないので、穴の状態では発酵の判断がむずかしいからです。ふくらみのみを発酵の判断基準にしてOKです。また、中に気泡を残したまま焼きたいのでガス抜きもしません。

— POINT —
時間でなく生地の大きさで判断する
粉や水の温度、こね具合などで、生地の発酵がゆっくりになることもあるので、時間ではなく、生地が2倍にふくらむことを判断基準にする。ふくらみが足りない場合は、5分ずつ時間をのばす。

成形

\ギュッと
押さえる/

11

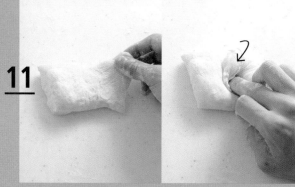
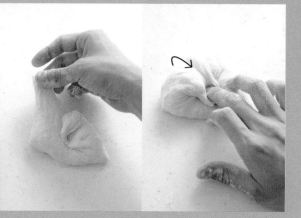

生地の四つの角を中心に向けて順に折る。角を中心に持ってきたら、指でギュッと押さえる。次の角を持ち上げ、中心に重ねて同様に押さえる。残りの角も同様にする。

— POINT —
角を中心に集める
角を折る時に、中心に集めるように意識する。角を少し引っ張ってもOK。押さえる時は、力強く！　軽く押さえる程度だと、焼く時に形がくずれることも。

9

ボウルと生地の間に打ち粉(強力粉)を振り入れ、台にも振る。ボウルのカーブに沿わせてカードを1周差し込み、生地を台にとり出す。

10

中の空気を抜かないように、生地を両手でそっと持ち上げて引っ張り、四角い形にする。カードを使って目分量で6分割する。

—— POINT ——

打ち粉をしながら作業する

水分が多くベタつきやすいため、生地や台に打ち粉(強力粉)を振って作業を進める。生地は中の空気を抜かないようにやさしく扱う。

同じ作業を
もう1回!

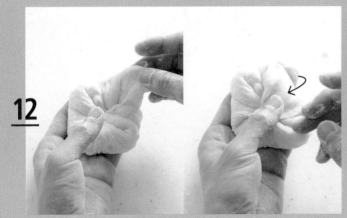

12

四つの角を中心に向けて折る作業をもう一度行う。1回目より生地に立体感が出て扱いやすくなっているので、手の上にのせて角を折ってはギュッと押さえる。

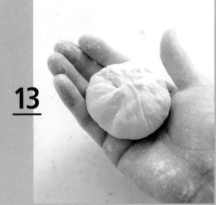

13

中心をつまんでとじる。

K.K.Baker

生地の角を中心に折り重ねる理由

生地は重なったところが一番ふくらみます。角を折って中心に重ねることで丸い形にととのえつつ、ふくらむ力をつけるのが目的です。焼いた時によくふくらむとふんわりした食感に加え、フランスパンらしい気泡もできます。

🌡発酵温度
35℃

⏱発酵時間
オーブン
30-40min

14

とじ目を下にしてクッキングシートを敷いた天板に間隔をあけて並べ、茶こしで上新粉を振る。

＼ラップなしで！／

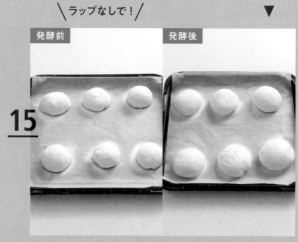

発酵前　　　　　　発酵後

15

ラップはかけずに最終発酵させる。オーブンの発酵機能を利用し、35℃で30〜40分にセットする。ひと回り大きくなればOK。発酵終了後、オーブンの予熱を開始する。

POINT

ひと回り大きく！が目安

成形時の力かげんやオーブンのくせなどによって、発酵が遅くなることも。時間ではなく、ひと回り大きくなることを目安にする。

焼成

🌡温度
240℃

⏱時間
20-24min

17

霧吹きで生地に霧を2〜3回吹く。

18

240℃のオーブンの下段に入れ、20〜24分焼く。

K.K.Baker

霧を吹くとどうなるか

主にハード系のパンで使うテクニックです。生地の表面が湿り、焼く時に生地が伸びやすくなりボリュームが出ます。また、霧を吹くことで生地のデンプンが熱で糊化して、表面がパリッと焼き上がります。オーブンのスチーム機能を利用してもOKです。

16

予熱終了後、切り込みを入れる。キッチンばさみの刃を開いて生地にあて、手早くカットする。

K.K.Baker

切り込み（クープ）を入れる意味

「クープ」はフランス語で「切る」を意味します。ここでは手軽に作れるように、キッチンばさみで切り込みを入れました。切り込みを入れると、焼く時にそこから開いてふくらみ、火の通りがよくなります。また、焼き上がりに表情が生まれるので、飾りの役割もあります。

19

焼き上がったら、網にのせて冷ます。

K.K.Baker

リーンなパン、リッチなパンの特徴

パンのカテゴリーで耳にする「リーン」と「リッチ」。粉、イースト、塩、水といった基本材料で作るものをリーンなパン（少量の糖類や油脂が入るケースもある）、基本材料に加えて糖類や油脂、乳製品、卵などの副材料を多く使うものをリッチなパンと呼びます。リーンなパンは小麦本来のうまみが味わえ、リッチなパンはバターのコクや乳製品の甘みなどが加わり、豊かな風味とうまみが味わえます。

リーン		リッチ	
プチフランス	バゲット	ミルクハース	シナモンロール

白パン

| 生地の種類 | 白パン生地 | 難易度 | ★ |

ほんのり甘く、もちもち食感が人気の白パンは、時間がたってもやわらかで、おうちで焼くパンにぴったりです。しっとり仕上げるコツは、低温＆短時間で焼くこと。温度や時間のかげんでパンの食感がどう変化するのか、実感してみてください。ハイジの白パンみたいなかわいい形は、菜箸を使って簡単に成形できます。1つ1つ違った表情を見せてくれるので、焼き上がりが楽しみなパンです。

目指す食感
もちもち

学びのポイント
やわらかく焼き上げる方法

材料

	6個分	ベーカーズパーセント
強力粉	260g	100
水あめ	26g	10
塩	4g	1.5
ドライイースト	3g	1
牛乳	182g	70
バター (食塩不使用)	13g	5
生地量	488g	187.5

その他　強力粉…適量

Memo

水あめ
主成分は麦芽糖で、焼き色がつきにくい特性がある。保水性があるため、しっとりふんわりしたパンに焼き上がる。

準備

▶ 材料をデジタルスケールで量る。

> 1g単位できっちり量る。

▶ バターは室温においてやわらかくする。

▶ 水あめがかたい時は、電子レンジで10秒ほど温めてやわらかくする。

▶ 牛乳は40℃前後に温める。電子レンジ加熱なら30〜40秒が目安。

> イーストが活発に働く温度は32〜35℃。生地の温度が冷たいと発酵しにくいため、温めた牛乳を使う。

動画
LESSON
白パン1
＊計量〜一次
発酵前まで

31

生地作り　ボウルの中でまとめる

1 ボウルに**強力粉、水あめ、塩、イースト**を入れ、**温めた牛乳**を加える。

水分を押し出す
イメージで

2 ゴムべらを使い、粉と水分がなじみ、ひとまとまりになるまでまぜる。

水あめと牛乳の役割

水あめは約20％が水分のため、しっとりとした生地になりますが、ベタついて少しこねにくいです。そこで、生地を引き締める効果がある牛乳を使用し、こねやすさをフォローします。ちなみに水あめを同量の砂糖に置きかえるのはNG。含む水分量が異なるため、生地の状態に影響します。

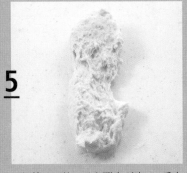

5 こね始めに比べると弾力が出て、手を離したときに生地の元に戻る力が強くなったらバターを入れるタイミング。

バターを入れる段階の見極めポイント

1 押すと弾力があり、生地の元に戻る力が強い

2 粉っぽさがなく均一な状態

バターを入れてさらにこねるため、生地は多少荒れていてもOK！

バターを入れてこねる

6 生地を広げ、中央にバターをのせる。

---

8 バターがなじんだら生地を丸めて両手で覆い、左右前方に交互に転がしながらこねる。台との摩擦で、生地の表面がなめらかになる。80〜100回が目安。

POINT

疲れたら休んでもOK！

生地はこねる以外に、休ませることでもグルテンがつながるので、疲れたら少し休んで再開しても大丈夫。乾燥防止に生地にラップをかけておくと安心。

9 生地を丸める。両手を沿わせ、小指の側面を使って生地の外側を下に入れ込むようにしながら、台の上で何度か回転させる。

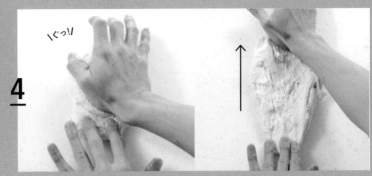

3 カードを使って生地を台にとり出す。ボウルの内側やゴムべらについた生地もカードを使って残さず集める。

4 生地を半分にたたみ、手のひらのつけ根でぐっと下に押し、遠くまで伸ばす。これをくり返す。最初は手につくが、よくこねると次第にまとまってくる。生地に弾力が出るまでこねる。

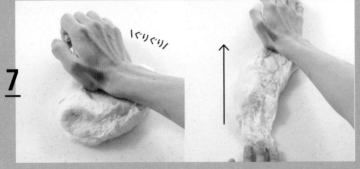

7 生地を折ってかぶせる。手のひらのつけ根で押さえ、ぐりぐりとさせて生地の中でバターをすり込むようにしながら手順4と同様にこねる。最初は生地がちぎれやすいが、2〜3分するとなじむ。

バターの役割

バターが入ることで、コクのある風味豊かなパンになります。また、バターを練り込むと生地が伸びやすくなり、焼く時にふくらんでボリュームが出ます。ただ、油脂はグルテンのつながりを邪魔するため、7〜8割程度こねてから加える必要があります。

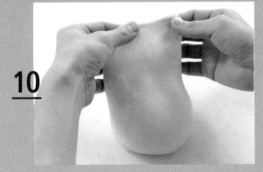

10 生地をゆっくりと引っ張って伸ばす。薄い膜（グルテン膜）が張り、反対側の指が透けて見えればOK。均一に伸びなかったり、膜がすぐにちぎれたりするなら、さらにこねる。

いい生地の見極めポイント
〜しっかりこねる生地〜

1 表面がつるんとなめらか

2 押すと弾力がある

3 グルテン膜が薄く張る

一次発酵

🌡発酵温度
35℃

⏰発酵時間
オーブン
50-60min

動画LESSON
白パン2
＊一次発酵後〜
焼き上がりまで

\ラップをかけて！/

発酵前　　　　　発酵後

11

ラップをして一次発酵させる。オーブンの発酵機能を利用し、35℃で50〜60分にセットする。およそ2倍の大きさになるのが目安。

POINT

時間ではなく大きさで判断する

粉や水の温度、こね具合などで、生地の発酵がゆっくりになることもあるので、時間ではなく、生地が2倍にふくらむことを判断基準にする。ふくらみが足りない場合は、5分ずつ時間をのばす。

分割する
▼

14

生地を計量する。発酵の時に使ったラップを使い回してOK！

15

カードで6分割する。

POINT

半分に切ってから3等分する

生地を半分にカットしてから、それぞれを放射状に3等分すると、大きさがそろいやすい。切る前にカードを軽く押しあてて目安線をつけても。

丸める
▼

17

生地の外側を下に入れ込むようにして丸くする。小指の側面で生地を押して、手の上をすべらせるイメージ。裏側はつまんでとじ、とじ目を下にしておく。

POINT

丸めた順番がわかるようにする

ベンチタイム後の成形は先に丸めた生地から作業したいので（後で丸めた生地もじゅうぶん休ませるため）、丸めた順番がわかるように台の上におく。

▼

12

発酵の状態を確認する。指に強力粉をつけ、生地に差し込んで引き抜く。穴があいたままなら、発酵は完了。

▼

13

上からやさしく押さえ、生地の中にたまったガスを抜く。全体をまんべんなく押さえる。気泡がある場合はつぶしてOK！

＼なるべく正確に！／

16

全量の重さをもとに1つ分の重さを計算し、均等になるように調整する。少ない場合は、多い生地から少し切って足す。

K.K.Baker

正確に分割する理由

大きさにバラつきがあると、焼き上がりに差が出ます。同じ天板に並べて同じ時間焼くため、ほかよりも小さく分割したパンは、中の水分がやや飛んでしまうことも。分割はなるべく正確に！

ベンチタイム　🕐 10分

▼

18

K.K.Baker

ベンチタイムの長さは パンによって違う

成形しやすくするために生地を休ませる時間のことを「ベンチタイム」と言います。時間は、成形が複雑になるほどやわらかさが必要になるので長めにとり、単純な成形の場合は短めになります。この本では、分割後丸める作業がない、プチフランスやリュスティックはベンチタイムをとりません。

ラップをかけて室温で10分休ませる。

成形

19

生地の全体に強力粉をたっぷりまぶし、とじ目を下にして台に並べる。

K.K.Baker

強力粉をたっぷりまぶすのはなぜか

白パンはふんわりとした食感にしたいため、焼き上がりがパリッとする米粉ではなくて、強力粉をまぶします。また強力粉をまぶすと、焼く時に色がつきにくく、白く仕上がります。粉のまぶし方が足りないと、焼き色にムラが出るので、生地全体にたっぷりとまぶしてください。

最終発酵

予熱する 🌡150℃ ▼

🌡**発酵温度**
35℃

⏱**発酵時間**
オーブン
30-40min

21

＼ラップをかけて！／

発酵前　　　　　　　　　　発酵後

ラップをかけて最終発酵させる。オーブンの発酵機能を利用し、35℃で30〜40分にセットする。ひと回り大きくなればOK。発酵終了後、オーブンの予熱を開始する（生地はラップをかけて待機）。

POINT

ひと回り大きく！が目安

成形時の力かげんやオーブンのくせなどによって、発酵が遅くなることも。時間ではなく、ひと回り大きくなることを目安にする。

K.K.Baker

温度と焼き時間でパンはどう変わるのか

白パンのように低温で焼き時間が短いと水分が多く残り、やわらかくもちもちした食感になります。逆に、高温で長時間焼くと水分が飛んで軽い食感に。バゲットがその代表格ですね。温度と焼き時間の調整がわかると、作れるパンの幅が広がります。

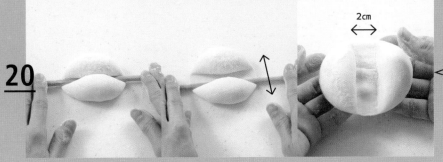

＼ 広めの2cm幅を目標にしっかりとコロコロ ／

20

生地の中央に菜箸を1本あて、台にあたるくらいまでしっかりと下まで押しつける。菜箸を上下に転がし、2cm幅くらいの溝を作り、クッキングシートを敷いた天板に並べる。

POINT

**思いきって
太い溝を作る**

最終発酵で生地がふくらむため、溝が狭いと焼き上がりに線が入らず、ただの丸パンになってしまう。菜箸をしっかりと押しつけ、強めの力で転がして太い溝を作って。

焼成

🌡温度
150℃

⏱時間
12-15min

22

150℃のオーブンの下段に入れ、12〜15分焼く。網にのせて冷ます。

白パンをアレンジ　**バットで焼くちぎりパン**

白パンと同じ生地で、分割を変えるだけで、
もちもちのちぎりパンも焼けます。

1 手順1〜13までは白パンと同様に作り、生地を12分割して丸める。

2 耐熱性のバット（＊）にクッキングシートを敷き、生地の間隔をあけて並べ（写真下・左）、手順21と同様に最終発酵させる。

3 強力粉を茶こしで振り（写真右）、手順22と同様に焼く。焼き上がったらバットから出し、網の上で冷ます。

＊バットのサイズ＝約21×16.5×3cm／容量570ml

LESSON
ミルクハース

| 生地の種類 | ヴィエノワ（菓子パン）生地 | 難易度 | ★ |

ふんわりミルクの香りがする、生地に卵、牛乳、バターを
使ったやさしい味のパンです。こねている時も、ほどよい
弾力とやわらかさがあって癒し系な生地です。切り込み
を入れることで見た目にも華やかな縞模様がつき、立体
的にパンを焼き上げることができます。シンプルながらも
味わい深いパンなので、そのままはもちろん、具を挟んで
も、料理に添えても、いろんなシーンで食べられます。

HOW TO BAKE MILK HEARTH

目指す食感

ふんわりぎっしり

学びのポイント

菓子パン生地の食材の特徴を知る

材料

	5個分	ベーカーズパーセント
強力粉	300g	100
砂糖	24g	8
塩	6g	2
ドライイースト	4g	1.2
牛乳	180g	60
卵	45g	15
バター（食塩不使用）	24g	8
生地量	583g	194.2

その他　強力粉…適量

Memo

牛乳

生地にほんのり甘みがつき、ミルクの豊かな風味を味わえるパンに。乳脂肪やたんぱく質を含むため生地は引き締まりやすく、焼き色がつきやすいのも特徴。

卵

卵黄に含まれるレシチンには乳化作用があり、パンをしっとりやわらかくキープ。

準備

▶ 材料をデジタルスケールで量る。

卵はよくときほぐしてコシをきり、量る。

▶ バターは室温においてやわらかくする。

▶ 牛乳は40℃前後に温める。電子レンジ加熱なら30〜40秒が目安。

イーストが活発に働く温度は32〜35℃。生地の温度が冷たいと発酵しにくいため、温めた牛乳を使う。

動画 LESSON

ミルクハース1

＊計量〜一次
発酵前まで

生地作り

ボウルの中でまとめる

▼

水分を押し出す
イメージで

1 ボウルに**強力粉、砂糖、塩、イースト**を入れ、**温めた牛乳**と、**溶き卵**を加える。

2 ゴムべらを使い、粉と水分がなじむようにまぜる。ひとまとまりになったら、カードを使って生地を台にとり出す。

ヴィエノワ生地って？

ヴィエノワは卵や砂糖、牛乳、バターなど副材料を多く配合した菓子パン生地の総称です。この中にデニッシュ生地やブリオッシュ生地などが含まれます。ほんのりした甘みでミルクとバターの香りが漂う、シンプルで食事に合わせやすいパンに仕上がります。

バターを入れてこねる

▼

疲れたら
休んでもOK！

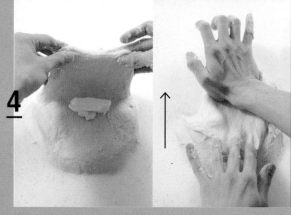

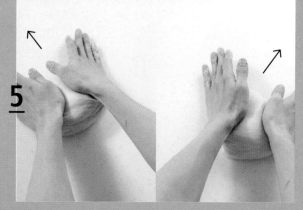

4 生地を広げ、バターをのせて生地をかぶせる。手のひらのつけ根で押さえ、ぐりぐりとさせて生地の中でバターをすり込むようにしながら、手順3と同様こねる。最初は生地がちぎれやすいが、2〜3分するとなじむ。

5 バターがなじんだら生地を丸めて両手で覆い、左右前方に交互に転がしながらこねる。台との摩擦で、生地の表面がなめらかになる。80〜100回が目安。

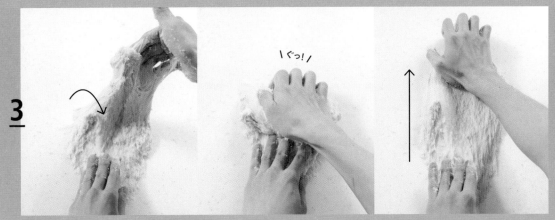

3

生地を半分にたたみ、手のひらのつけ根でぐっと下に押し、遠くまで伸ばす。これをくり返す。最初は手につくが、次第にまとまる。生地に弾力が出るまでこねる。

POINT

弾力が出て伸びにくくなるまで

こねるうちにグルテンが作られ、弾力が増す。ぐっと伸ばして手を離すと、生地が元に戻ろうとする力が強いのがわかる。こねはじめの状態との差を感じて。

卵が入る生地の特徴

卵が入る生地は、うまみと風味があり、さっくりと歯切れがよくなります（シュー生地をイメージするとわかりやすい）。基本材料だけで作る生地に比べると生地はベタつきやすく手にくっつきますが、カードで集めながら、根気よくこねてください。次第にまとまってきます。

6

両手を沿わせ生地の外側を下に入れ込むようにして、台の上で回転させ、丸める。

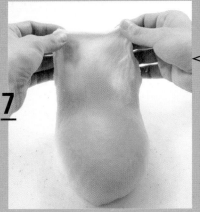

7

POINT

グルテン膜をチェック

薄い膜が張る状態なら、グルテンがしっかり作られている目安。きめもととのっていれば、こねる作業は終了。

生地をゆっくりと引っ張って伸ばす。薄い膜が張り、反対側の指が透けて見えればOK。均一に伸びなかったり、膜がすぐにちぎれたりするなら、さらにこねる。

いい生地の見極めポイント
～しっかりこねる生地～

1 表面がつるんとなめらか

2 押すと弾力がある

3 グルテン膜が薄く張る

一次発酵

フィンガーテストをする

🌡発酵温度
35℃

🕐発酵時間
オーブン
50-60min

動画LESSON
ミルクハース2
＊一次発酵後〜
焼き上がりまで

\ラップをかけて！ /　　　\およそ2倍の大きさが目安！ /

発酵前　　　　　発酵後

8

▼

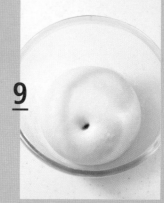

9

ラップをかけて一次発酵させる。オーブンの発酵機能を利用し、35℃で50〜60分にセットする。およそ2倍の大きさになるのが目安。

発酵の状態を確認する。指に強力粉をつけ、生地に差し込んで引き抜く。穴があいたままなら、発酵は完了。

POINT

時間ではなく大きさで判断する
粉や水の温度、こね具合などで、発酵がゆっくりになることもある。時間ではなく、生地が2倍にふくらむことを判断基準にする。ふくらみが足りない場合は5分ずつ時間をのばす。

丸める

▼

\ 表面がつるん！ /

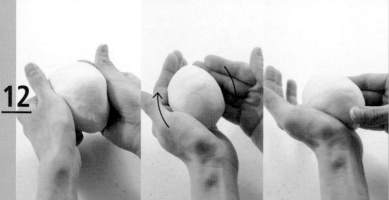

12

13

生地の外側を下に入れ込むようにして丸める。

裏側はつまんでとじ、とじ目を下にして台におく。

POINT

丸めながらなめらかに
生地の外側を下に入れ込みながら張りを出す。手のひらをすべらせるときに摩擦が生じて、生地の表面がなめらかになる。

▼

10

上からやさしく押さえ、生地の中にたまったガスを抜く。全体をまんべんなく押さえる。気泡がある場合はつぶしてOK！

▼

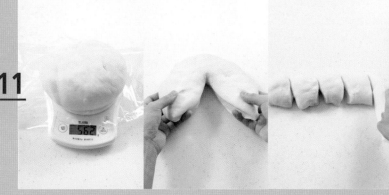

11

生地を計量する。発酵の時に使ったラップを使い回してOK！ カードで5分割する。全量の重さをもとに1つ分の重さを計算し、均等になるように調整する。少ない場合は、多い生地から少し切って足す。

POINT

切り込みを入れて広げてからカット

奇数に分割する時は、生地の中央に深い切り込みを入れて、左右に広げて棒状にすると、均等に切り分けやすい。

ベンチタイム ⏱10分

成形

▼

14

ラップをかけて室温で10分休ませる。

15

生地を手で押さえて直径12〜13cmに広げる。カードの横幅くらいが目安。

K.K.Baker

生地にラップをかける理由

パン生地は乾燥に弱いため、発酵時やベンチタイムなど時間をおく時には、ラップをかけます（水分の多い生地は例外）。生地の水分が抜けると、ふくらみが悪くなったり、焼き上がりがバサついたりと、見た目や味に影響することも。ラップのほかに、かたくしぼったぬれぶきんをかけるのもおすすめです。

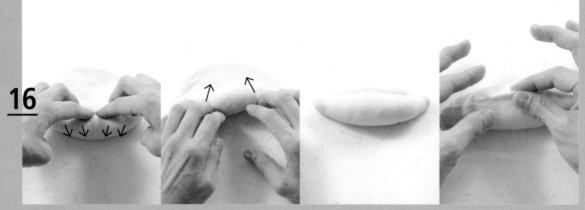

16

手前から少し巻き、指先でぐっと押さえて引き締める。さらに生地を少し内側に引き締めながら巻き、指で押さえ、最後まで巻く。巻き終わりを上にして、指でつまんでとじ、とじ目を下にして台におく。

POINT

指でぐっと押さえる

押さえる時は、力強く！　押さえ方が弱いと、最終発酵や焼く段階でふくらんだ時に形がくずれる要因になる。

クープを入れる

▼

中央の1本に対して、
左右対称に2本ずつ

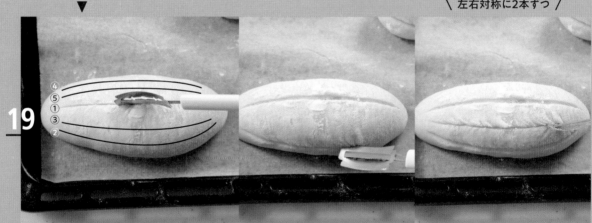

19

予熱終了後、切り込み（クープ）を5本入れる。まず、中央に1本入れる。次に左の外側に1本入れ、中央の切り込みとの間に1本入れる。右側も同様に切り込みを入れる。深さは6〜7mmを目安に。

POINT

ためらわず一気に！

なるべく刃を一気に引くのがコツ。刃を前後に何度も動かすと生地が引きつれてしまう。クープナイフがなければ包丁でもOK。

K.K.Baker

クープを入れる目的とコツ

目的は3つあります。①焼成時にしっかりふくらませ、ボリュームを出す、②火の通りをよくする、③焼き上がった時の飾りとして。早い段階で入れると、中のガスが抜けてしまうため、オーブンに入れる直前に作業します。クープナイフを使うときは、刃を生地に対して斜め45度にあて、一気に手前に引くときれいに切れます。

── 最終発酵 ──

🌡発酵温度
35℃
🕐発酵時間
オーブン
30-40min

強力粉を茶こしで振り、
クッキングシートを敷い
た天板に並べる。

\ラップをかけて!/

発酵前　発酵後

ラップをかけて最終発酵させる。オーブンの発酵機能を利用し、
35℃で30〜40分にセットする。ひと回り大きくなればOK。発酵
終了後、オーブンの予熱を開始する(生地はラップをかけて待機)。

─ POINT ─

ひと回り大きく!が目安

成形時の力かげんやオーブンのくせなどによって、発酵が遅くな
ることも。時間ではなく、ひと回り大きくなることを目安にする。

焼成

🌡温度
180℃
🕐時間
14-16min

180℃のオーブンの下段に入れ、
14〜16分焼く。

焼き上がったら、網にのせて冷ます。

パン作りQ&A

Q1 強力粉を全粒粉に変えたり、上白糖をはちみつに変えたりして作っても大丈夫ですか？

A 生地の配合にかかわる材料を変えることはおすすめしません。粉は種類によって水分量や生地のつながりやすさが違います。上白糖とはちみつも糖分や水分量が違うので、パンの甘さやベタつき具合が変わり、もとのレシピの通りに作れなくなることがあります。

- -

Q2 力がなくてもこねられますか？何分くらいこねたらよいのでしょうか？

A こねるにはある程度の力が必要ですが、強い力は必要ないです。また、こね時間は、生地の量や種類、こねる人の力かげんなどによっても違ってくるので、時間ではなく生地の状態での判断が必要です。各レシピの写真や動画を参考に、こねてみてください。

- -

Q3 どのくらいこねたら正解かわからなくて、こねすぎている気がするのですが、大丈夫でしょうか？

A 手ごねの場合は生地に加えられる力に限界があるため、こねすぎることはほとんどないので安心してください。こねあげの正解は生地の種類によっても違いますが、共通点として「粉っぽさがなく、きちんと弾力が出る状態」なので、レシピの写真と見比べて判断してください。

- -

Q4 いくらこねても、本のようなきれいなグルテン膜にならないのですが、どうしたらよいでしょうか？

A こねあげてすぐの生地はプレッシャーがかかっていて、膜が粗くなることがあるので、その場合は2分ほど生地を休ませてからもう一度チェックしてみてください。それでもきれいな膜が張らない場合はもう少しこねましょう。

Q5 オーブンに発酵機能ボタンがないのですが、オーブンの設定を35℃にできれば、それで発酵しても大丈夫ですか？またオーブンから水蒸気が出るタイプなのですが、ラップは必要ですか？

- -

A 35℃くらいで温度をキープできる機能があれば、発酵に使えます。水蒸気が出るタイプで湿度が80％前後に保たれているようであればラップは必要ありませんが、不安な場合はラップをしておくほうが確実です。

- -

Q6 発酵をさせすぎてしまうと、どうなりますか？

A 「過発酵」と呼ばれる状態になり、アルコール臭くなり、甘みの少ないパンに仕上がります。イーストは酸素と糖分を栄養にしてガスを出すので、発酵させすぎると糖分をイーストが消費してしまい、パンの甘みが減ります。また、臭いも気になるので、発酵させすぎた生地は、ピザにするのがおすすめです。

※「過発酵」についてp.19手順10のPOINT参照

- -

Q7 焼いていたら、表面が焦げてきた感じがするのですが、どうしたらよいですか？

A 焦げそうになったら、上にアルミホイルを被せて直接熱風があたらないようにしましょう。

PART 2

「こね」を
がんばらなくても
作れるパン

力を入れてこね続けなくても作れる、はじめてでも作りやすいパンを集めました。
ほかにも成形しない、最終発酵しないなど。「これをやらなくても
パンが作れるんだ」ということを実感してください。

ミルク・リュスティック

生地の種類 ミルクバゲット生地 **難易度** ★

まぜて、切って、焼くだけの３ステップで完成！ リュスティックはフランスパンの仲間で、一番簡単に作れるハード系のパンです。水分が多くベタつきやすい生地ですが、仕込み水に牛乳を使うことで、扱いやすくしました。こんがり焼けた外側と、もっちりした内側の食感のバランスも絶妙で、ほんのりミルクの香りが広がります。具をサンドしても美味しいですよ。

HOW TO BAKE MILK RUSTIQUE

目指す食感

バリッともちもち

ラクに作れるポイント

・台の上でこねない
・切りっぱなしの成形

材料

	6個分	ベーカーズパーセント
強力粉	250g	100
ドライイースト	3g	1.2
⌈ 牛乳	220g	88
⌊ 塩	5g	2
生地量	478g	191.2

その他 強力粉…適量

準備

▶ 材料をデジタルスケールで量る。

1g単位できっちり量る。

▶ 牛乳は40℃前後に温める。電子レンジ加熱なら40〜50秒が目安。

イーストが活発に働く温度は32〜35℃。生地の温度が冷たいと発酵しにくいため、温めた牛乳を使う。

動画
LESSON
リュスティック1
＊計量〜一次
発酵前まで

生地作り ボウルの中でまとめる

▼

1
大きめのボウルに**温めた牛乳**と**塩**を入れ、よくまぜてとかす。

2
別のボウルに**強力粉**と**イースト**を合わせ、半量を**1**に加える。ゴムべらでまぜて粉と水分をなじませる。

POINT

粉類は2回に分けて加える

強力粉は吸水率が高いため、一度に全量を加えると、水分の吸収にムラができる。2回に分けて加え、そのつどまぜることで、水分が均一に行き渡る。

K.K.Baker

牛乳が入る生地の特徴

牛乳には水分のほかに乳脂肪やたんぱく質が含まれるため、生地を引き締める効果があります。リュスティックの生地は水分が多い配合でベタつきやすいのが特徴です。そこで、仕込み水に牛乳を使い、生地を扱いやすくなるようにしました。また、焼き上がりは生地の目がやや詰まって、もっちりした食感が出ます。

伸ばす&折る

▼

＼ これを 20回！ ／

＼ 20分 休ませる ／

5
ゴムべらで生地をすくい上げて伸ばし、手前に折り、ぐっと押し込む。これを20回行う。

6
ラップをかけて、室温で20分休ませる。

K.K.Baker

伸ばして折ってグルテンを作る

小麦粉と水をまぜ、力を加えることでグルテンが作られます。ふんわり食感のパンはグルテンを強くしたいのでよくこねますが、ハード系のパンは軽い食感が持ち味なのでグルテンは弱くてもOK。がんばってこねなくても、生地を伸ばす＆折る作業でほどよい力が加わり、休ませることでもグルテンが作られます。

3

水分を押し出す
イメージで

残りの粉類を加えて、さらにまぜる。粉がまざりにくくなってきたらゴムべらをグーの手でつかむように持ちかえて、生地をボウルの内側に押しつけるようにして、なじませる。

4

20分
休ませる

ひとまとまりになったら、ラップをかけて、室温で20分休ませる。20分後の生地は粉が吸った水分が全体に行き渡り、表面が少し水っぽくなる。

まぜてすぐに生地を休ませる理由

K.K.Baker

主にフランスパンのようなハード系のパンに用いる手法です。生地を休ませることで、粉が水分をしっかり吸収し、その間にこねなくても自然とグルテンが作られるのです。まぜてすぐのベチャベチャの状態より、ある程度グルテンができた状態の生地のほうが、断然扱いやすくなります。

7

2回目も
同様に20回！

伸ばす＆折る作業の2回目。同様に20回行う。1回目に比べて、生地は伸びがよい状態に。

8

グルテン膜は
きれいに張らなくてOK！

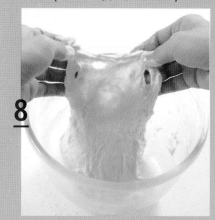

2回目の作業後、生地のつながり具合はこんな感じ。生地をゆっくりと伸ばすと、ムラがあり部分的にちぎれる。生地のつながりが弱いパンなので、この状態でOK。

一次発酵

発酵温度
35℃

発酵時間
オーブン
50-60min

＼ラップをかけて！／

フィンガーテストや
ガス抜きはしない

発酵前

発酵後

<u>9</u>

ラップをかけて一次発酵させる。オーブンの発酵機能を利用し、35℃で50〜60分にセットする。およそ2倍の大きさになるのが目安。

K.K.Baker

フィンガーテストやガス抜きをしないのは、なぜか

水分量が多い生地は、生地がゆるくて、うまく穴が残らないので、穴の状態では発酵の判断が難しいからです。ふくらみのみを発酵の判断基準にしてOKです。また、中に気泡を残したまま焼きたいのでガス抜きもしません。

動画LESSON
リュスティック2
＊一次発酵後〜
焼き上がりまで

─ POINT ─

生地の大きさで判断する

粉や水の温度、こね具合などで、発酵がゆっくりになることもあるので、時間ではなく、生地が2倍にふくらむことを判断基準にする。ふくらみが足りない場合は5分ずつ時間をのばす。

最終発酵

発酵温度
35℃

発酵時間
オーブン
30-40min

予熱する 240℃

＼ラップなしで！／

発酵前

発酵後

<u>12</u>

クッキングシートを敷いた天板に並べ、ラップはかけずに、最終発酵させる。オーブンの発酵機能を利用し、35℃で30〜40分にセットする。ひと回り大きくなればOK。発酵終了後、オーブンの予熱を開始する。

─ POINT ─

ひと回り大きく！が目安

分割時の力かげんやオーブンのくせなどによって、発酵が遅くなることも。時間ではなく、ひと回り大きくなることを目安にする。

<u>13</u>

予熱終了後、切り込み（クープ）を斜めに1本入れる。なるべく刃を一気に引くのがコツ。クープナイフがなければ包丁でもOK。

10 ボウルと生地の間に打ち粉（強力粉）を振り入れ、台にも振る。ボウルのカーブに沿わせてカードを1周差し込み、生地を台にとり出す。

11 中の空気を抜かないように、生地を両手でそっと持ち上げて引っ張り、四角い形にする。カードで6つに切り分ける。形や大きさは多少バラつきがあってもOK！　茶こしで強力粉を振る。

POINT

打ち粉をしながら作業する

水分が多くベタつきやすいため、生地や台に打ち粉（強力粉）を振って作業を進める。生地は中の空気を抜かないよう、やさしく扱う。

焼成

🌡温度
240℃

⏱時間
20-24min

14 霧吹きで生地に霧を2〜3回吹く。

15 240℃のオーブンの下段に入れ、20〜24分焼く。焼き上がったら、網の上で冷ます。

クープを入れやすくするコツ

リュスティックは水分が多い生地のため、クープナイフに生地がくっついてしまいます。それを避けるために、最終発酵前に強力粉を振っておきます。粉が余分な水分を吸って表面がベタつきにくくなり、きれいにクープが入ります。ほかにも、クープを入れる前に1〜2分室温におき、表面を乾かすとクープが入れやすくなります。

ラクして美味しい

フォカッチャ

| 生地の種類 | マッシュポテト生地 | 難易度 | ★ |

歯切れがよくてもちもちのフォカッチャを、なるべくこねずに作れるレシピを考えました。マッシュポテトの素を使うことで、小麦粉だけでは出せないほどの驚きのもっちり食感を出せました！ そのまま食事として食べても、具を挟んでも美味しいです。こねる力もいらず、成形も手で形をととのえるだけ。簡単でこの美味しさは、ヘビロテまちがいなしです！

HOW TO BAKE FOCACCIA

目指す食感
ふんわりもっちり

ラクに作れるポイント
・あまりこねない
・油脂は練り込まず、まぜるだけ
・成形にめん棒を使わない

材料

	直径18cm 2枚分	ベーカーズパーセント
強力粉	224g	80
マッシュポテトの素（市販）	56g	20
砂糖	17g	6
塩	6g	2
水	252g	90
ドライイースト	3g	1
オリーブ油	28g	10
生地量	586g	209

その他　ブラックオリーブ（種なし）…9個
　　　　岩塩、強力粉、オリーブ油…各適量

Memo

マッシュポテトの素

もっちり感を出すために使用。フレーク状で扱いやすい。カレーパン（p.92）でも登場。じゃがいもを加熱して使うと、水分量に個体差があるため調整がむずかしいが、マッシュポテトの素なら水分量が一定なので安心。

準備

▶ 材料をデジタルスケールで量る。
　　1g単位できっちり量る。

▶ 水は40℃前後に温める。電子レンジ加熱なら40～50秒が目安。
　　イーストが活発に働く温度は32～35℃。生地の温度が冷たいと発酵しにくいため、温めた水を使う。

動画 LESSON
フォカッチャ1
＊計量～一次
発酵前まで

生地作り

ボウルの中でまとめる ▼

1 温めた水に**イースト**を加えてまぜる。イーストは完全にとけなくてもOK！

2 ボウルに**強力粉、マッシュポテト、砂糖、塩**を入れる。**イーストをまぜた水、オリーブ油**を加える。

イーストを 水にまぜる理由

しっかりこねるパンは、粉にイーストをまぜても、こねるうちに自然とイーストがとけますが、フォカッチャはあまりこねないためとけきらない可能性があります。そのため、最初にイーストを水にまぜてとかしてからこねます。

台の上でこねる ▼

100回こねる

ぐっ！

5 台に生地をとり出す。生地を半分にたたみ、手のひらのつけ根でぐっと下に押し、遠くまで伸ばす。これを100回くり返す。

6 両手を沿わせ、生地の外側を下に入れ込むようにしながら、丸める。生地の表面は少し荒れた状態。

─ POINT ─
グルテン膜の チェックは不要

生地どうしのつながりが弱くてよい生地のため、こねたあと伸ばしてもグルテン膜はすぐにちぎれてしまう。だから、100回こねたら一次発酵へ進んでOK！

フィンガーテストをする ▼　ガス抜きをする ▼　分割する ▼

8 発酵の状態を確認する。指に強力粉をつけ、生地に差し込んで引き抜く。穴があいたままなら、発酵は完了。

9 上からやさしく押さえ、生地の中にたまったガスを抜く。全体をまんべんなく押さえる。気泡がある場合はつぶしてOK！

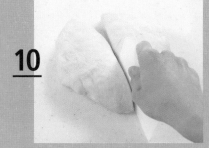

10 生地を台にとり出す。軽く押さえて広げ、カードでなるべく均等になるよう2分割する。

3

ゴムべらを使い、ひとまとまりになるまでまぜる。あとでこねるので、この段階では生地の色はところどころまだらな状態でOK！

\ 5分 /
休ませる

4

ラップをかけて室温で5分休ませる。時間をおくことで、水分がマッシュポテトにしっかり浸透する。

K.K.Baker

ポテトとオリーブ油でもっちり&さっくり食感を

じゃがいもにはデンプンが含まれるため、生地に加えるともっちり感が出ます（ここでは手軽にマッシュポテトの素を利用）。また、オリーブ油を使うと生地どうしのつながりを邪魔するため、さっくりと軽い食感に。バターと違い、生地に練り込まなくていいのでラクです。

一次発酵

🌡**発酵温度**
35℃

🕐 **発酵時間**
オーブン
50-60min

動画LESSON
フォカッチャ2
＊一次発酵後〜
焼き上がりまで

\ ラップをかけて！ /

発酵前　　　　発酵後

7

ラップをかけて一次発酵させる。オーブンの発酵機能を利用し、35℃で50〜60分にセットする。およそ2倍の大きさになるのが目安。

┌─── *POINT* ───┐

**時間ではなく
大きさで判断する**

粉や水の温度、こね具合などで、生地の発酵がゆっくりになることもあるので、時間ではなく、生地が2倍にふくらむことを判断基準にする。ふくらみが足りない場合は、5分ずつ時間をのばす。

ベンチタイム 🕐 10分

▼

11

生地の外側を下に入れ込むようにして丸める。裏側はつまんでとじ、とじ目を下にしておく。

12

ラップをかけて室温で10分休ませる。

成形

13 台に打ち粉（強力粉）を振って生地をおき、手で直径15cmくらいに広げる。

14 クッキングシートを敷いた天板にのせる。最終発酵で少しふくらむので、2枚目は間隔をあけてのせる。

K.K.Baker

フォカッチャは イタリアのパン

レストランでも提供されることがあるので、ご存じの方も多いと思いますが、フォカッチャはイタリアのパンで、平たく焼くのが特徴。ピザの原型という説もあるそうです。実は、本場イタリアでは四角い形が一般的だそう。

16 生地の表面にハケでオリーブ油をたっぷりぬる。

POINT

したたるくらいにたっぷりと！

表面にオリーブ油をぬることで、焼いた時にその部分の温度が上がり、揚げ焼きにしたようなパリッとした食感が生まれる。したたり落ちたオリーブ油は、焼く時に生地の下にも回るので、多いかなと思うくらい、たっぷりぬってOK。

17 生地に指を差し込み、穴をあける。指3本で同時にあけると、ほどよく等間隔になる。もちろん、指1本であけてもOK！

焼成

🌡温度
220℃

⏱時間
12-15min

19 220℃のオーブンの下段に入れ、12〜15分焼く。焼き上がったら、網にのせて冷ます。

最終発酵

🌡 **発酵温度**
35℃

⏱ **発酵時間**
オーブン
30-40min

<u>15</u>

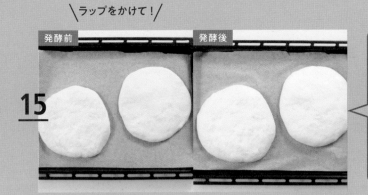

↘ ラップをかけて! ↙

発酵前　　発酵後

ラップをかけて最終発酵させる。オーブンの発酵機能を利用し、35℃で30〜40分にセットする。ひと回り大きくなればOK。発酵終了後、オーブンの予熱を開始する（生地はラップをかけて室温で待機）。

POINT

**ひと回り
大きく!が目安**

成形時の力かげんやオーブンのくせなどによって、発酵が遅くなることも。時間ではなく、ひと回り大きくなることを目安にする。

K.K.Baker

生地に穴をあける理由

穴がぽこぽこして、焼き上がりの表情がユニークですが、飾りのためではありません。生地に穴をあけると、焼く時に空気（水蒸気）の通り道ができ、ふくらみ方が均一になります。穴をあけないで焼くと、熱で膨張した空気が生地を押し上げて、高さが出てしまうのです。

<u>18</u>

1枚は穴にオリーブを埋め込む。焼く時に生地がふくらむので、しっかり押し込むのがコツ。2枚とも表面に岩塩（ここでは粒の粗いプレッツェルソルトを使用／p.87）を振る。

フォカッチャは
大きく1枚で焼いても

材料や生地の作り方は、同じ。手順10で2分割せず、手順13の成形で直径25cmくらいに広げる（最終発酵や焼成時にふくらむので、焼き上がりは直径27cmくらいになる）。220℃に予熱したオーブンで、12〜15分焼く。

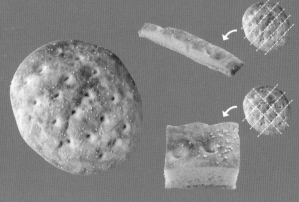

切り方にひと工夫!

横に長くスライスしたり、四角くカットしたりするほか、ケーキみたいに放射状に切り分けても。大きく焼くからこそ、いろいろな切り方が楽しめる。

おうちピザ

生地の種類 ピザ生地 **難易度** ★

耳まで美味しい本格的なピザが、自宅で簡単に作れます。発酵が1回だけなので、生地作りから焼き上げるまで1時間ちょっと。はじめてパン作りに挑戦する人でも失敗しないし、デリバリーのピザよりもはるかに安くて美味しいからおすすめです！ 焼きたての熱々のピザを味わったら、あなたもパン作りの虜になることまちがいなし！ぜひ、人が集まる時のおもてなしに作ってみてください。

HOW TO BAKE PIZZA

目指す食感
バリッとぎっしり

ラクに作れるポイント
・あまりこねない
・最終発酵は不要

材料

	直径27cm 1枚分	ベーカーズ パーセント
強力粉	120g	60
薄力粉	80g	40
塩	4g	2
水	124g	62
ドライイースト	4g	2
オリーブ油	20g	10
生地量	352g	176

その他 　市販のパスタソース（トマト系）…30〜50g
ベーコン…3枚
強力粉、オリーブ油、ピザ用チーズ、バジル…各適量

Memo

パスタソース
ピザソースでもよいが、市販のパスタ用ソースを使うと手軽。種類が豊富なので、味のバリエーションが広がる。

準備

▶ 材料をデジタルスケールで量る。

1g単位できっちり量る。

▶ 水は40℃前後に温める。電子レンジ加熱なら20〜30秒が目安。

イーストが活発に働く温度は32〜35℃。生地の温度が冷たいと発酵しにくいため、温めた水を使う。

動画
LESSON
ピザ1

＊計量〜一次発酵前まで

生地作り

ボウルの中でまとめる

▼

1

温めた水に**イースト**を加えてまぜる。イーストは完全にとけなくてもOK！

2

ボウルに**強力粉、薄力粉、塩、オリーブ油**を入れ、**イーストをまぜた水**を加える。

3

ゴムべらを使い、ひとまとまりになるまでまぜる。カードを使って台にとり出す。

K.K Baker

生地の食感は配合で変わる

このピザ生地は、強力粉と薄力粉の2種類を使っています。グルテンが多い強力粉の割合が大きいともっちり、グルテンが少ない薄力粉の割合が大きいとサクサクとした食感になります。

POINT
生地は残さず集める
ボウルの内側やゴムべらについた生地も、カードで残さず集める。

一次発酵

フィンガーテストをする

▼

🌡 **発酵温度**
35℃

⏱ **発酵時間**
オーブン
50-60min

＼ラップをかけて！／

発酵前　　　　発酵後

6

ラップをかけて一次発酵させる。オーブンの発酵機能を利用し、35℃で50〜60分にセットする。およそ2倍の大きさになるのが目安。

7

発酵の状態を確認する。指に強力粉をつけ、生地に差し込んで引き抜く。穴があいたままなら、発酵は完了。

動画LESSON
ピザ2
＊一次発酵後〜
焼き上がりまで

POINT
時間ではなく大きさで判断する
粉や水の温度、こね具合などで、生地の発酵がゆっくりになることもあるので、時間ではなく、生地が2倍にふくらむことを判断基準にする。ふくらみが足りない場合は5分ずつ時間をのばす。

\100回/
\こねる/

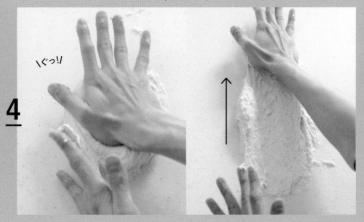

\ぐっ!/

4

生地を半分にたたみ、手のひらのつけ根でぐっと下に押し、遠くまで伸ばす。これを100回くり返す。最初は手につくが、次第にまとまる。

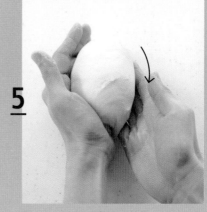

5

両手を沿わせ、生地の外側を下に入れ込むようにしながら回転させて、丸める。

── POINT ──

グルテン膜のチェックは不要

ピザ生地は、生地どうしのつながりが弱くてよいため、伸ばしてもグルテン膜がすぐにちぎれてしまう。だから、100回こねたら生地を丸めて、一次発酵へ進んでOK！

ガス抜きをする
▼

ベンチタイム ⏱ 10分
▼

8

上からやさしく押さえ、生地の中にたまったガスを抜く。気泡がある場合はつぶしてOK！

9

生地の外側を下に入れ込むようにして丸める。裏側はつまんでとじる。とじ目を下にして台におき、ラップをかけて室温で10分休ませる。

10

生地を休ませている間に、具を準備する。ベーコンは1cm幅に切る。

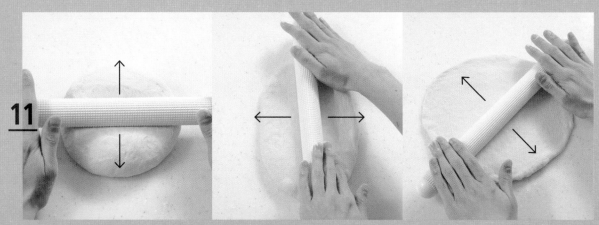

11

オーブンを予熱する。台に打ち粉（強力粉）を振り、生地をおく。生地の中央にめん棒をあてて上下に転がし、伸ばす。次に縦にあて、中央から左右に伸ばす。最後は斜めにあて、直径27cmくらいの円形になるように調整しながら伸ばす。

> ## POINT
>
> **上下、左右、斜めに均一な力で**
>
> 円形に伸ばすコツは、めん棒を中央において上下左右、斜めに均一な力をかけて動かすこと。最初から強い力をかけるのではなく、少しずつ多方向に伸ばして目標の大きさに近づけていく。

15

ベーコンをまんべんなく散らし、チーズをのせる。

16

ハケで耳にオリーブ油をぬる。

K.K.Baker

オリーブ油をぬると、どんな効果があるか

オーブンは、中心よりも周りのほうが熱が伝わりやすく、部分的に焦げやすいです。そこで、耳にオリーブ油をぬることで、均一に焼き色がつくようになります。また、揚げ焼きの効果もあるので、バリっとした食感の美味しい耳になります。

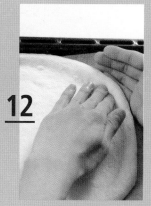

12 クッキングシートを敷いた天板にのせる。生地の縁に厚みが出るように、手を添えて立ち上がり部分（耳）を作る。

13 生地の耳以外の部分をフォークでまんべんなく刺す（焼いている時に浮き上がってこないようにするため）。

14 パスタソースをぬり広げる。塩けが濃い場合は、オリーブ油でのばして使うとよい。

K.K.Baker

耳を作るのは、なぜ？

耳を作ると、ソースが流れ出ません。また、同じピザ生地でも厚みがあるところと薄いところで食感に差が出て、両方が味わえるのもメリットです。厚みのある耳は、ふんわりして美味しいです。

焼成

🌡温度
250℃

⏱時間
9-12min

焼きたてを
\ 食べて！ /

17 250℃のオーブンの下段に入れ、9〜12分焼く。

いろいろな
パスタソース×具材で
バリエーションを楽しんで

こんな組みあわせも美味しいです。

「めんたいもちピザ」

明太子ソース×もち×チーズ×のり（ソースについている）

「ジェノベーゼ風ピザ」

バジルソース×ベーコン×チーズ

こねいらずの

本格バゲット

生地の種類 バゲット生地　難易度 ★★

本格的なバゲットが簡単に作れるよう考えたレシピです。まるで天然酵母で作ったような深いうまみのあるバゲットが作れます！　ポイントは、仕込み水の一部にヨーグルトを使うこと。ほんのりとした酸味が加わって、これだけで味がぐんとよくなります。しかも生地作りはボウルの中で生地を伸ばして折るをくり返すだけ。ぜひ気軽に焼きたてのバゲットを楽しんでください！

HOW TO BAKE BAGUETTE

目指す食感

バリバリ

ラクに作れるポイント

・台の上でこねない
・ヨーグルトで深みのある味に

材料

	2本分	ベーカーズパーセント
強力粉	150g	60
薄力粉	100g	40
ドライイースト	3g	1.2
プレーンヨーグルト	100g	40
水	115g	46
塩	5g	2
生地量	473g	189.2

その他　強力粉、上新粉（米粉）…各適量

Memo

プレーンヨーグルト

ヨーグルトの乳酸菌とイースト菌の相乗効果で、味に深みが出る。砂糖を添加していないプレーンタイプを使う。

準備

▶ 材料をデジタルスケールで量る。

1g単位できっちり量る。

▶ 水は40℃前後に温める。電子レンジ加熱なら20〜30秒が目安。

イーストが活発に働く温度は32〜35℃。生地の温度が冷たいと発酵しにくいため、温めた水を使う。

動画 LESSON

バゲット1

＊計量〜一次発酵前まで

生地作り ボウルの中でまとめる

▼

1 大きめのボウルに**ヨーグルト**を入れ、**温めた水**、**塩**を加える。

2 別のボウルに**強力粉**、**薄力粉**、**イースト**を合わせ、半量を**1**に加える。ゴムべらでまぜて粉と水分をなじませる。

伸ばす&折る

▼

＼これを 20回！／

＼20分 休ませる／

5 ゴムべらで生地をすくい上げて伸ばし、手前に折り、ぐっと押し込む。これを20回行う。

6 ラップをかけて、室温で20分休ませる。

一次発酵

🌡**発酵温度**
35℃

⏱ **発酵時間**
オーブン
50-60min

動画
LESSON
バゲット2
＊一次発酵後～焼き
上がりまで

＼ラップをかけて！／

＼フィンガーテストや ガス抜きはしない／

発酵前　　　　　発酵後

8 ラップをかけて一次発酵させる。オーブンの発酵機能を利用し、35℃で50～60分にセットする。およそ2倍の大きさになるのが目安。

╭─ POINT ─╮

時間ではなく 大きさで判断する

粉や水の温度、こね具合などで、生地の発酵がゆっくりになることもあるので、時間ではなく、生地が2倍にふくらむことを判断基準にする。ふくらみが足りない場合は、5分ずつ時間をのばす。

水分を押し出す
イメージで

3 残りの粉類を加えて、さらにひとまとまりになるまでまぜる。

20分
休ませる

4 ラップをかけて、室温で20分休ませる。20分後の生地は表面が少し水っぽくなる。

ヨーグルトが入る生地の特徴

ヨーグルトが入る生地は酸性に傾き、イーストの働きが活発になって発酵が進みやすくなります。そうすると作り出すガスの量も多くなり、気泡がたっぷり入ったパンに。また、イースト菌にヨーグルトの乳酸菌が加わり、より複雑なうまみが出て、ラクして天然酵母風の味わいが出ます。

2回目も
同様に20回！

7 伸ばす＆折る作業の2回目。同様に20回行う。1回目に比べて、生地は伸びがよい状態に。

— POINT —

グルテン膜のチェックは不要

こねない生地は、生地どうしのつながりが弱いので、グルテン膜も弱くてもろい。伸ばす＆折る作業が済んだら、そのまま一次発酵へ進んでOK！

フィンガーテストやガス抜きをしないのは、なぜか

水分量が多い生地は、生地がゆるくて、うまく穴が残らないので、穴の状態では発酵の判断が難しいからです。ふくらみのみを発酵の判断基準にしてOK。また、中に気泡を残したまま焼きたいのでガス抜きもしません。

9 ボウルと生地の間に打ち粉（強力粉）を振り入れ、台にも振る。ボウルのカーブに沿わせてカードを1周差し込み、生地を台にとり出す。

10 中の空気を抜かないように、そっと持ち上げて引っ張り、四角い形にする。カードで2分割する。

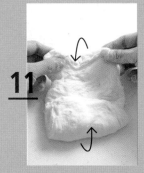

11 縦長におき、三つ折りにする。

12 ラップをかけて室温で10分休ませる。

合わせ目だけをとめる

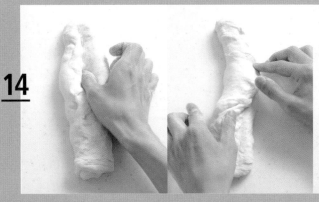

14

中央に指で押さえて線をつけ、そこから半分に折って軽く押さえる。気泡が抜けないように、合わせ目の部分のみを親指のつけ根でギュッと押さえてとめる。

最終発酵

予熱する 🌡240℃ ▼

🌡発酵温度
室温（20-25℃）
🕐発酵時間
30-40min

クリップでとめた状態で！

発酵前　発酵後

17

クリップでとめた状態で最終発酵させる。室温（20〜25℃）で30〜40分発酵させる。ひと回り大きくなればOK。発酵が終わる10分前に天板ごとオーブンを予熱する。

POINT

室温で発酵する
バゲットは気泡を多く含ませたいので、気泡が作られる発酵のピークの温度（35℃前後）を焼成時にもっていきたい。そのため、通常よりも低めの温度（20〜25℃）で最終発酵させる。

成形

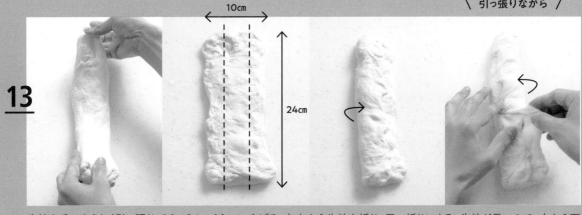

右側は生地を少し
引っ張りながら

10cm
24cm

生地を手でやさしく引っ張り、10×24cmくらいに広げる。左右から生地を折り、三つ折りにする。生地が長いので、上から下へ少しずつ生地を重ねては指で押さえる。

15

とじ目を下にして台におき、茶こしで上新粉を振る。

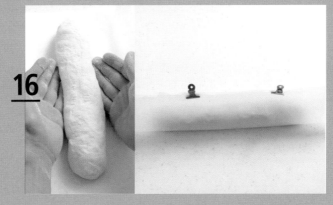

16

20cm幅に切ったクッキングシートに生地をのせ、手で生地を押さえて太さをととのえる。シートの端を合わせてクリップでとめ、そのまま最終発酵へ。

焼成

温度
240℃
時間
20-24min

18

予熱終了後、切り込み（クープ）を1本入れる。刃を一気に引くのがコツ。クープナイフを使うか、なければ包丁でもOK。

19

オーブンから天板をとり出し、生地をシートごとのせる。霧吹きで生地に霧を2〜3回吹く。

20

240℃のオーブンの下段に入れ、20〜24分焼く。焼き上がったら、網にのせて冷ます。

おうちでパンを焼くということ

今の時代、パンは簡単に安く買えます。
時間も労力もかかる「パン」を、どうして自分で焼くのか。
もちろん焼きたてのパンは美味しいです。
実はそれ以外にも、「自分でパンを作ること」には、大きな意味があるのです。

それは、パン作りは最高のリフレッシュになる、のです。

リフレッシュしたい時には、コーヒーを飲んだり、散歩に出かけてみたり、
自然を眺めたり。普段とは違う刺激があると、気分が晴れやかになりますよね。

パン作りにはそのすべての要素があると私は思っています。

こねはじめの生地はボソボソでベタベタしています。
こねていくうちに弾力が増してきて、表面がつるりとしてきます。
こね上がりの生地の状態は手触りや見た目で判断します。

発酵したら大きくなるし、発酵した香りもします。
指を差して発酵の見極めをしたり、生地の状態を確認しながら形をととのえたり。

パンが焼ける香りを感じたり、一口頬張った時に口に広がる小麦の風味を感じ
たり……。

パン作りって、思っている以上に五感を使って、
多くのことを感じながら作っていくのです。

実際にパンを作ってみると、自分がいつの間にか無心になっていることに気がつ
くと思います。それはパンを作りながら、自分の感覚に集中しているからです。

パン作りには日常とは違う刺激があるからこそ、おもしろさを感じるし、
自分で焼く意味があると思うのです。

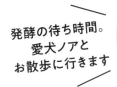

発酵の待ち時間。
愛犬ノアと
お散歩に行きます

PART 3

バリエーションを楽しんで。
アレンジ力が
身につくパン

まるでパン屋さんのようにバリエーション豊かなパンを紹介します。
基本材料プラスアルファで作る生地、ちょっと複雑な成形など。
好きなパンが作れるようになるヒントがちりばめられています。
アレンジ力が身についたら、パン作りのレパートリーが広がります！

食べ出したらとまらない
ベーコンエピ

生地の種類 バゲット生地　**難易度** ★★★

HOW TO BAKE BACON ÉPI

目指す食感

バリバリ

身につくアレンジ力

・はさみを使った成形

こんな
アレンジも！

あんこごまエピ
トマトチーズエピ
→p.79を参照

フランス語で「麦の穂」という意味のエピ。プチフランス（p.22）と同じバゲット生地に、ジューシーで塩けのあるベーコンを合わせて作ります。表面はバリッと、中はベーコンのうまみがしみ込んでいて、ひと口食べるととまらないパンです。水分が多くベタつく生地を長く均一に伸ばすのが少し大変ですが、特徴的なエピの成形がきれいにできた時の達成感は大きいです！　巻き込む具を替えて、アレンジするのもおすすめです。

材料

	3本分	ベーカーズパーセント
強力粉	200g	100
ドライイースト	2g	1
水	160g	80
塩	4g	2
生地量	366g	183

その他　強力粉、上新粉（米粉）…各適量
ベーコン…3枚

準備

▶ 材料をデジタルスケールで量る。

1g単位できっちり量る。

▶ 水は40℃前後に温める。電子レンジ加熱なら30～40秒が目安。

イーストが活発に働く温度は32～35℃。生地の温度が冷たいと発酵しにくいため、温めた水を使う。

生地作り~一次発酵

p.24～26「プチフランス」の手順1～8（一次発酵終了まで）を参照して生地を作る。フィンガーテストとガス抜きは行わない。

動画 LESSON
ベーコンエピ1
＊計量～一次発酵前まで

動画 LESSON
ベーコンエピ2
＊一次発酵後～焼き上がりまで

一次発酵後から

＊発酵終了後の状態から説明

分割する ▼

9 ボウルと生地の間に打ち粉（強力粉）を振り入れ、台にも振る。ボウルのカーブに沿わせてカードを1周差し込み、生地を台にとり出す。

10 中の空気を抜かないように、生地をそっと持ち上げて引っ張り、四角い形にする。

POINT
打ち粉をしながら作業する
水分が多くベタつきやすいため、生地や台に打ち粉（強力粉）を振って作業を進める。

成形

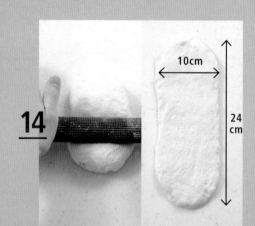

10cm / 24cm

14 生地の中央にめん棒をあて、上下に転がして10×24cmくらいに伸ばす。

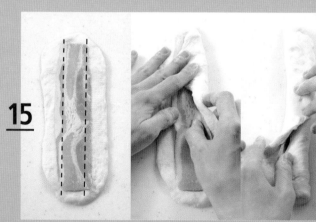

15 中央にベーコン1枚をのせる。左右から生地を折り、三つ折りにする。

POINT
ベーコンを内側に折り込む
生地を折る時に、ベーコンの端もいっしょに内側に折り込むのがコツ。こうすると、焼き上がった時にベーコンが断面に沿ってきれいに見える。

▼

11

カードで3等分する。

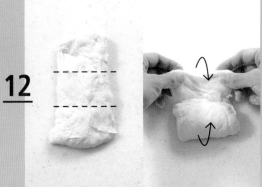

12

縦長におき、三つ折りにする。手前から折って指で押さえ、次に奥の生地を折り、指で押さえる。

13

ラップをかけて室温で10分休ませる。

三つ折りにするのはどうしてか

台の上でこねないため、コシが弱い生地です。それをカバーするために生地を三つ折りにし、指で押さえて負荷をかけます。生地は力がかかるとグルテンが強化され、コシが強くなります。

押さえるのは
合わせ目の部分だけ

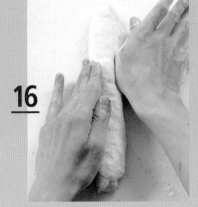

16

合わせ目の部分を親指のつけ根でギュッと押さえてとじる。

17

とじ目を下にして台におく。上新粉を振って全体にまぶし、10cm幅に切ったクッキングシートにのせる。

上新粉を使うのはなぜか

上新粉は米から作られるためグルテンを含まず、生地にまぶすとくっつかず扱いやすくなります。また、この段階で振っておくことで、最終発酵後にクープを入れやすくなり、表面がパリッと焼き上がりより、ハードに仕上がります。上新粉がなければ、強力粉で代用しても。

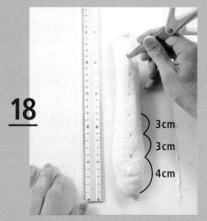

18 生地に切り込みを入れる位置の印を
つける。手前から4cm、その次からは
3cm間隔で7カ所が目安。

3cm
3cm
4cm

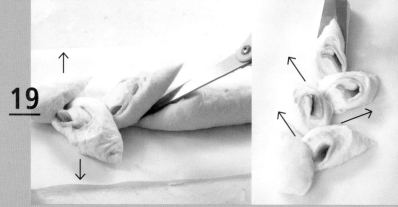

19 キッチンばさみを寝かせて斜めに深い切り込みを入れ、左右に振り分ける。1回切
ったら右へ、2回目は左へと交互に。

POINT

思いきり深く!
完全に切れる一歩手前まで深く切り込む。切り
込みが浅いと左右にしっかり振り分けができず、
焼いた時にふくらんで形がくずれてしまう要因に。

焼成

🌡温度
240℃
⏱時間
20-24min

21 予熱終了後、霧吹きで生地に霧を2〜3回吹く。

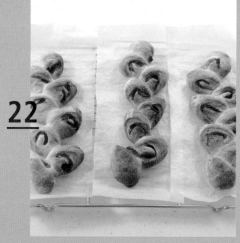

22 240℃のオーブンの下段に入れ、20〜24分
焼く。焼き上がったら、網にのせて冷ます。

🌡 **発酵温度**
35℃

⏱ **発酵時間**
オーブン
30-40min

ラップ
なしで！

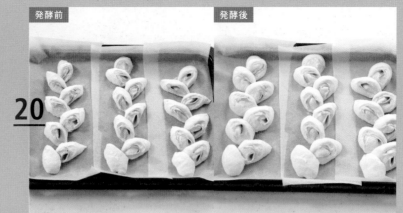

発酵前　　　　　　　発酵後

20

ラップはかけずに最終発酵させる。オーブンの発酵機能を利用し、35℃で30〜40分にセットする。ひと回り大きくなればOK。発酵終了後に、オーブンの予熱を開始する（生地はラップをかけずに室温で待機）。

— *POINT* —

ひと回り大きく！が目安

成形時の力かげんやオーブンのくせなどによって、発酵が遅くなることも。時間ではなく、ひと回り大きくなることを目安にする。

アレンジ・アイディア

しょっぱいエピはもちろん、甘いエピも美味しいです！
あんこを入れるとあんフランスのような味に。
トマトチーズのほかにグリーンオリーブも合います。

あんこごまエピ
トマトチーズエピ

手順**15**で、「あんこごまエピ」はあんこを左右3cmずつを残してぬり広げる。「トマトチーズエピ」はトマトソースを同様にぬり広げ、ピザ用チーズを散らす。「あんこごまエピ」は手順**21**のあと、ごまを振る。

美味しすぎる
シナモンロール

生地の種類 ブリオッシュ生地　**難易度** ★★

カフェでも定番のスイーツパン。卵とバターをたっぷり使う生地で、歯切れのよさとふんわりした食感が楽しめます。ちょっとむずかしそうな見た目ですが、生地を薄く伸ばしてシナモンバターをぬって、巻いて、カットするだけなので、意外と簡単です。巻き込むものを替えていろいろアレンジできるので試してください。映えるので、手土産にすると「お店のみたい！」とほめられるかもしれません。

HOW TO BAKE CINNAMON ROLL

目指す食感

さっくりふんわり

身につくアレンジ力

・めん棒を使って四角く伸ばす
・生地を巻いてカットする成形

こんな
アレンジも！

ツナコーンロール
→p.85を参照

材料

	6個分	ベーカーズパーセント
強力粉	220g	100
砂糖	13g	6
塩	4g	1.8
ドライイースト	4g	1.8
牛乳	88g	40
卵	66g	30
バター（食塩不使用）	33g	15
生地量	428g	194.6

シナモンバター　バター（食塩不使用）…66g　シナモンパウダー…4g　グラニュー糖…44g
アイシング　粉糖…45g　水…5g〜
その他　強力粉、卵（生地の残り）…各適量

Memo

マドレーヌカップ

焼成時、生地の巻き終わりが開かないようマドレーヌカップ（7号・直径75mm）を使用。またシナモンバターがとけて天板に流れ出るのも防ぐ。

準備

▶ 材料をデジタルスケールで量る。

卵はよくときほぐしてコシをきり、量る。

▶ バターは室温においてやわらかくする。

▶ 牛乳は40℃前後に温める。電子レンジ加熱なら20〜30秒が目安。

イーストが活発に働く温度は32〜35℃。生地の温度が冷たいと発酵しにくいため、温めた牛乳を使う。

動画 LESSON

シナモンロール1

＊計量〜一次発酵前まで

生地作り

ボウルの中でまとめる　　台の上でこねる

▼　水分を押し出す
イメージで

1

ボウルに**強力粉、砂糖、塩、イースト**を入れ、**温めた牛乳、卵**を加えて、ゴムべらでひとかたまりになるまでまぜる。

▼

くぐっ!

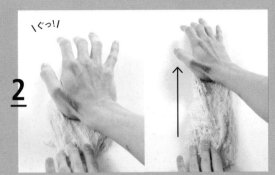

2

生地を台にとり出す。生地を半分にたたみ、手のひらのつけ根でぐっと下に押し、遠くまで伸ばす。これをくり返す。最初は手につくが、次第にまとまる。生地に弾力が出るまでこねる。

疲れたら
休んでもOK!

4

バターがなじんだら生地を両手で覆い、左右前方に交互に転がしながらこねる。台との摩擦で、生地の表面がなめらかになる。80〜100回が目安。

グルテン膜を
チェック!

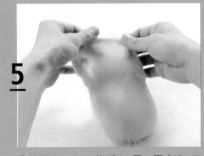

5

生地をゆっくりと伸ばす。薄い膜（グルテン膜）が張り、反対側の指が透けて見えればOK。均一に伸びなかったり、すぐにちぎれたりするなら、さらにこねる。

K.K.Baker

いい生地の
見極めポイント
しっかりこねる生地

1 表面がつるんと
なめらか

2 押すと
弾力がある

3 グルテン膜が
薄く張る

フィンガーテスト&ガス抜きをする　　ベンチタイム ⏱10分

▼

7

指に強力粉をつけ、生地に差し込んで引き抜く。穴があいたままなら、発酵は完了。生地を上からやさしく押さえ、生地の中のガスを抜く。気泡はつぶしてOK。

▼

8

ラップをかけて室温で10分休ませる。

生地を休ませている
間に

9

シナモンバターを作る。バターにグラニュー糖を加えてよくまぜ、ペースト状にする。そこにシナモンを加えてよくまぜる。

バターを入れてこねる

▼

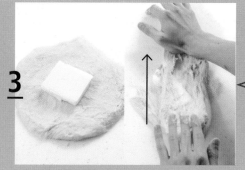

3

生地を広げ、バターをのせる。生地をかぶせ、上から手のひらのつけ根でぐりぐりとさせて生地の中でバターをすり込むようにしながらこねる。

- POINT -

根気よくこねる

バターは生地のつながりを邪魔するため、こねはじめは生地がちぎれやすいが、しばらくこねるうちになじみ、まとまるようになる。

K.K.Baker

ブリオッシュ生地って？

バターや卵、砂糖が多めの配合でパンよりお菓子に近く、ふわっと軽い食感。口どけがよくリッチな味わいで、菓子パンや総菜パンにぴったりの生地です。卵が入るので生地は黄色みがあり、ベタつきやすいのが特徴。こねるときは少し大変ですが、そこを超えたらあとの作業はスムーズです。

一次発酵

🔥 **発酵温度**
35℃

🕐 **発酵時間**
オーブン
50-60min

動画LESSON

シナモンロール2
＊一次発酵後〜焼き上がりまで

╲ラップをかけて！╱　╲およそ2倍の大きさが目安！╱

発酵前　　発酵後

6

ラップをかけて一次発酵させる。オーブンの発酵機能を利用し、35℃で50〜60分にセットする。およそ2倍の大きさになるのが目安。

- POINT -

時間でなく大きさで判断する

粉や水の温度、こね具合などで、発酵がゆっくりになることもあるので、時間ではなく、生地が2倍にふくらむことを判断基準にする。ふくらみが足りない場合は5分ずつ時間をのばす。

成形

╲生地の端を余らせる╱

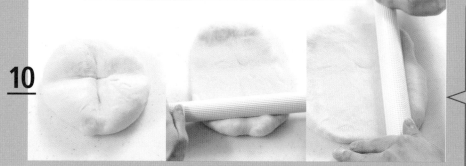

10

台に打ち粉（強力粉）を振り、生地をおいて軽くつぶして平らにし、めん棒を十字にあてる。24×35cmを目安に四角く伸ばす。まずは中央から上下に転がし、次に中央から左右に伸ばす。軽めの力で少しずつ伸ばし、目標の大きさに近づける。

- POINT -

生地の端を余らせる

端まで完全に伸ばさず、少し生地の厚みを残した状態にするのがコツ。こうすることで別の方向に伸ばすときに、その部分の生地が隅を埋めて四角い形にととのいやすくなる。

11

巻き終わり分2cmを残して、シナモンバターを均一にぬり広げる。

12

しっかり
とじる

手前を少し折って芯にし、両端の生地がなるべくずれないように注意しながら巻く。最後は生地の端を少し引っ張るようにして、端のラインにそろえる。巻き終わりをつまんでとじる。

最終発酵

🌡発酵温度
35℃

⏱発酵時間
オーブン
30-40min

14

ラップをかけて！

発酵前　　　　　発酵後

ラップをかけて最終発酵させる。オーブンの発酵機能を利用し、35℃で30～40分にセットする。ひと回り大きくなればOK。発酵終了後オーブンを予熱する(生地はラップをかけて室温で待機)。

予熱する 🌡180℃

POINT

**ひと回り
大きく！が目安**

成形時の力かげんやオーブンのくせなどによって、発酵が遅くなることも。時間ではなく、ひと回り大きくなることを目安にする。

焼成

🌡温度
180℃

⏱時間
13-16min

16

180℃のオーブンの下段に入れ、13～16分焼く。焼き上がったら網にのせて冷ます。

仕上げ

途ぎれずにゆっくり
流れ落ちるかたさが目安

17

アイシングを作る。粉糖に水5gを加えてまぜる。かたい場合は、少しずつ水を加えて調整する。

13

カードで6つに切り分ける。切り口を上にしてマドレーヌカップにのせ、厚みが半分くらいになるように、手のひらで押さえてつぶす。

生地をつぶす理由

切ったままだと焼いた時にふくらんで高さが出すぎてしまうため、シナモンロールらしい形に焼き上げるためにつぶします。また、焼き上がった時に、中心が上に飛び出してくることがありますが、冷めたら戻ることが多いので大丈夫です。

15

生地の表面にハケでとき卵（生地の残り）をぬる。

とき卵をぬると、どうなるか

生地の表面にとき卵をぬると、焼き上がりにツヤが出ます。バターロールを思い浮かべると、わかりやすいです。均一にぬらないと焼いた時にムラが出るので、卵のコシをしっかりきることが大事です。

18

アイシングをかける。固まるまでそのままおく。

アレンジ・アイディア

くるくる巻く成形を身につけたら、シナモンバターのかわりにチョコクリームやピーナツバターなどをぬったり、しょっぱい系の具材を巻いて総菜パンにしても美味しいです。

ツナコーンロール

手順11でシナモンバターのかわりに、生地の上に缶汁をきったツナとホールコーンをまんべんなく散らし、ピザ用チーズをのせて巻く。

やみつき
塩パン

| 生地の種類 | バターロール生地 | 難易度 | ★ ★ |

一大ブームを巻き起こした塩パンは、バターを巻き包んで塩をトッピングしたロールパン。焼くと中のバターがとけ出し、表面にぬったバターの効果もあって外はカリッと焼き上がり、中はしっとり食感に。外からも中からもバターの濃厚な風味が口いっぱいに広がる、ぜいたくなパンです。塩が全体を引き締めるアクセントになって、くせになる美味しさです。

HOW TO BAKE SALTED BUTTER ROLL

目指す食感

ふんわり

身につくアレンジ力

・ロールパンの成形

こんなアレンジも！

チョコロール塩パン
→p.91を参照

材料

	6個分	ベーカーズパーセント
強力粉	168g	70
薄力粉	72g	30
砂糖	19g	8
塩	3g	1.2
ドライイースト	3g	1.2
水	156g	65
バター（食塩不使用）	12g	5
生地量	433g	180.4

その他　バター（包む用・ぬる用）…48g+15g
強力粉、岩塩…各適量

Memo

プレッツェルソルト

ここでは、焼いても形が残るように、大きい粒に加工したプレッツェル用の岩塩を使用。ほかの岩塩でも粗塩でもOK。

準備

▶ 材料をデジタルスケールで量る。

1g単位できっちり量る。

▶ 生地用のバターは室温においてやわらかくする。包む用のバターは5cm長さの棒状に6つ（8gずつ）に切り分け、冷蔵室に入れておく。

ぬる用のバターは、使う直前にとかすので、室温・冷蔵どちらでもOK！

▶ 水は40℃前後に温める。電子レンジ加熱なら30〜40秒が目安。

動画
LESSON

塩パン1

＊計量〜一次
発酵前まで

生地作り

ボウルの中でまとめる　　台の上でこねる

水分を押し出す
イメージで

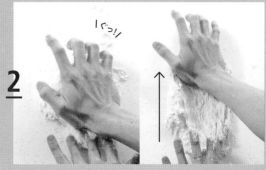
ぐっ!!

1 ボウルに**強力粉、薄力粉、砂糖、塩、イースト**を入れ、温めた水を加え、ゴムべらでひとまとまりになるまでまぜる。

2 生地を台にとり出す。生地を半分にたたみ、手のひらのつけ根でぐっと下に押し、遠くまで伸ばす。これをくり返す。生地に弾力が出るまでこねる。

疲れたら
休んでもOK！

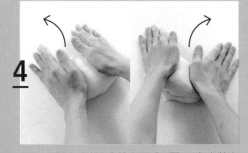

グルテン膜を
チェック

4 バターがなじんだら生地を両手で覆い、左右前方に交互に転がしながらこねる。台との摩擦で、生地の表面がなめらかになる。80〜100回が目安。

5 生地をゆっくりと伸ばし、薄い膜が張り、反対側の指が透けて見えればOK。均一に伸びなかったり、すぐにちぎれたりするなら、さらにこねる。

K.K.Baker

いい生地の 見極めポイント
しっかりこねる生地

1 表面がつるんとなめらか

2 押すと弾力がある

3 グルテン膜が薄く張る

フィンガーテスト&ガス抜きをする　　分割する　　ベンチタイム ⏱10分

7 指に強力粉をつけ、生地に差し込んで引き抜く（フィンガーテスト）。穴があいたままなら発酵は完了。生地を上からやさしく押さえ、中のガスを抜く。気泡はつぶしてOK。

8 生地を台にとり出し、カードで6分割する。全量の重さをもとに1つ分の重さを計算し、均等になるように調整する。

9 生地の外側を下に入れ込むようにして丸める。裏側はつまんでとじ、とじ目を下にしておく。ラップをかけて室温で10分休ませる。

バターを入れてこねる

▼

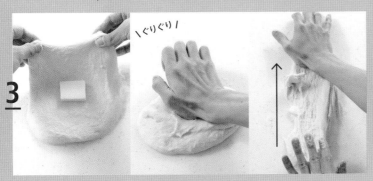

<u>3</u>

「ぐりぐり」

生地を広げ、バターをのせる。生地をかぶせ、手のひらのつけ根で押さえ、ぐり
ぐりとさせて生地の中でバターをすり込むようにしながら手順2と同様にこねる。
最初は生地がちぎれやすいが、2〜3分するとなじむ。

K.K.Baker

薄力粉をブレンドした生地の特徴

パンの食感は粉に大きく影響されます。グルテンが多い強力粉で作るともっちりとした食感になります。薄力粉は強力粉にくらべてグルテンが少なく、ブレンドして使うとサクッと歯切れのよい食感になります。薄力粉が入ると生地の伸縮性が少し弱まるため、成形しやすいのも特徴です。

一次発酵

🌡 **発酵温度**
35℃

⏱ **発酵時間**
オーブン
50-60min

動画LESSON

塩パン2

＊一次発酵後〜
焼き上がりまで

「ラップをかけて！」

発酵前　　　　発酵後

<u>6</u>

ラップをかけて一次発酵させる。オーブンの発酵機能を利用し、35℃で50〜60分にセットする。およそ2倍の大きさになるのが目安。

POINT

時間ではなく大きさで判断する

粉や水の温度、こね具合などで、発酵がゆっくりになることもあるので、時間ではなく、生地が2倍にふくらむことを判断基準にする。ふくらみが足りない場合は5分ずつ時間をのばす。

成形

「つまんでとじる」

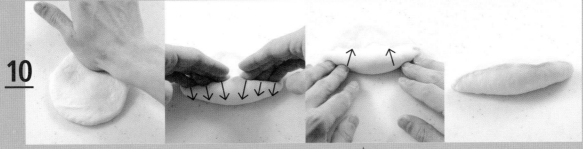

<u>10</u>

手で押さえて直径10cmくらいに広げる。手前から少し巻き、指で押さえて手前に軽く引いて引き締める。これをくり返して最後まで巻き、巻き終わりはつまんでとじる。まずはすべての生地をこの形にする。

POINT

中心に生地を集める

中央部が太いドッグ形にしたいので、巻くときは左右から生地を中央に集めるように意識して巻く。

89

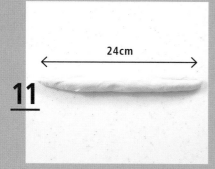

11

次に両手で転がし、24cmくらいのひも状にする。すべての生地をこの形にする。

手前は生地を
余らせて

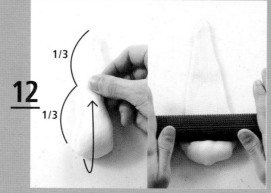

12

縦長におき、手前の端を生地の奥から1/3のところに重ねる。中央にめん棒をあてて上下に転がし、しずく形に伸ばす。手順12〜14は1個ずつ続けて作業する。

14

巻き終わりは
下に

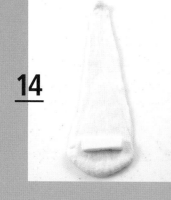 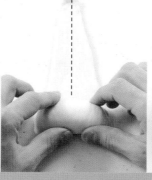 

手前にバターをのせて生地をかぶせ、指でギュッと押さえて引き締める。もうひと巻きし、同様に指で押さえる。中心がずれないように意識しながら、必ず巻き終わりが下にくるように巻く。

16

バターを電子レンジで10〜20秒加熱してとかし、ハケで生地の表面にぬる。

K.K.Baker

バターをぬる理由

油脂は温度が上がりやすいので、ぬって焼くと外側がカリッとした食感に。ハケがなければ、スプーンで垂らしても構いません。中にバターを巻き込んであるので、風味を合わせる意味でバターをぬりましたが、とかす手間いらずのオリーブ油でもOK！

17

岩塩を1列になるように振る。

めん棒を縦にあて、中央から左右に転がして手前の厚みのある部分を伸ばす。手前の生地の幅は7cmくらいを目標に。

13

─ POINT ─

包む用のバターの長さより広くする

このあとバターを巻くので、生地の手前部分はバターをのせてはみ出ないくらいの広さに伸ばす。

最終発酵

予熱する 🌡200℃

▼

発酵温度
35℃
発酵時間
オーブン
30-40min

15

\ラップをかけて!/

発酵前　　　　　発酵後

─ POINT ─

ひと回り大きく!が目安

成形時の力かげんやオーブンのくせなどによって、発酵が遅くなることも。時間ではなく、ひと回り大きくなることを目安にする。

ラップをかけて最終発酵させる。オーブンの発酵機能を利用し、35℃で30〜40分にセットする。ひと回り大きくなればOK。発酵終了後、オーブンの予熱を開始する(生地はラップをかけて室温で待機)。

焼成

温度
200℃
時間
12-15min

18

200℃のオーブンの下段に入れ、12〜15分焼く。焼き上がったら、網にのせて冷ます。

アレンジ・アイディア

バターのかわりに、チョコレートを巻いて、塩をトッピング。塩でチョコの甘みが際立って美味しい!

チョコロール塩パン

手順14でバターのかわりに、チョコ2かけ(10〜12g)をのせ、同様に巻く。

その場で揚げたて

カレーパン

| 生地の種類 | ドーナツ生地 | 難易度 | ★★ |

YouTubeの視聴回数の上位にずっと君臨する、王者的パンです。カレーを包みやすくするコツ、破裂しない方法など、なるほどがたくさん詰まったレシピです。ぜひ、できたての美味しさを味わってください。一度作れば、「パンは買うもの」から「パンは作るもの」にイメージが変わるはずです。同じ生地でドーナツ（p.109）も作れるので、そちらもチャレンジしてみてください！

HOW TO BAKE CURRY BREAD

目指す食感

ふんわりぎっしり

身につくアレンジ力

・具を包む

こんな
アレンジも！

イーストドーナツ
→p.109を参照

材料

	6個分	ベーカーズ パーセント
強力粉	208g	80
薄力粉	52g	20
砂糖	26g	10
塩	5g	2
ドライイースト	3g	1.2
牛乳	161g	62
卵	26g	10
バター（食塩不使用）	26g	10
生地量	507g	195.2

その他
カレー（レトルト）…360g（2皿分）
マッシュポテトの素…36g
卵…生地の残り
強力粉、パン粉、揚げ油…各適量

準備

▶ 材料をデジタルスケールで量る。

卵はよくときほぐしてコシをきり、量る。

▶ バターは室温においてやわらかくする。

▶ 牛乳は40℃前後に温める。電子レンジ加熱なら30〜40秒が目安。

イーストが活発に働く温度は32〜35℃。生地の温度が冷たいと発酵しにくいため、温めた牛乳を使う。

動画 LESSON
カレーパン1
＊計量〜一次発酵前まで

生地作り

ボウルの中でまとめる

台の上でこねる

1 ボウルに**強力粉、薄力粉、砂糖、塩、イースト**を入れ、**温めた牛乳、卵**を加え、ゴムべらでひとまとまりになるまでまぜる。まとまったらカードを使って台の上にとり出す。

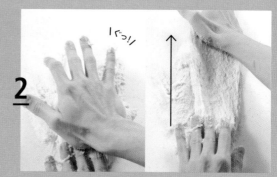

ぐっ!

2 生地を半分にたたみ、手のひらのつけ根でぐっと下に押し、遠くまで伸ばす。これをくり返す。最初は手につくが、次第にまとまる。生地に弾力が出るまでこねる。

疲れたら
休んでもOK!

4 バターがなじんだら生地を両手で覆い、左右前方に交互に転がしながらこねる。台との摩擦で、生地の表面がなめらかになる。80〜100回が目安。

グルテン膜を
チェック

5 生地を、ゆっくりと伸ばす。薄い膜が張り、反対側の指が透けて見えればOK。均一に伸びなかったり、膜がすぐにちぎれるなら、さらにこねる。

K.K.Baker

いい生地の 見極めポイント しっかりこねる生地

1 表面がつるんとなめらか

2 押すと弾力がある

3 グルテン膜が薄く張る

フィンガーテストをする

ガス抜きをする

分割する

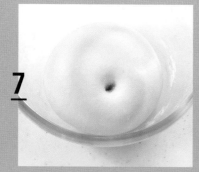

7 発酵の状態を確認する。指に強力粉をつけ、生地に差し込んで引き抜く。穴があいたままなら、発酵は完了。

8 上からやさしく押さえ、生地の中にたまったガスを抜く。全体をまんべんなく押さえる。気泡がある場合はつぶしてOK!

9 生地を計量する。発酵のときに使ったラップを使い回してOK!

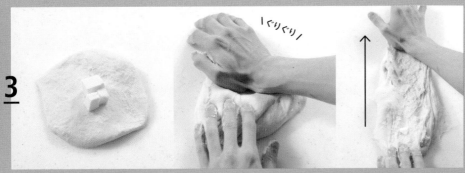

生地を広げ、バターをのせる。生地をかぶせ、上から手のひらのつけ根で押さえ、ぐりぐりとさせて生地の中でバターをすり込むようにしながら手順2と同様にこねる。最初は生地がちぎれるが、2〜3分するとなじむ。

一次発酵

🌡 発酵温度
35℃

⏱ 発酵時間
オーブン
50-60min

動画LESSON

カレーパン2
＊一次発酵後〜
焼き上がりまで

＼ラップをかけて！＼   ＼2倍の大きさが目安！＼

発酵前   発酵後

6

ラップをかけて一次発酵させる。オーブンの発酵機能を利用し、35℃で50〜60分にセットする。およそ2倍の大きさになるのが目安。

― POINT ―

時間ではなく大きさで判断する

粉や水の温度、こね具合などで、発酵がゆっくりになることもあるので、時間ではなく、生地がおよそ2倍にふくらむことを判断基準にする。ふくらみが足りない場合は5分ずつ時間をのばす。

丸める ▼

ベンチタイム ⏱10分 ▼

10

カードで6分割する。全量の重さをもとに1つ分の重さを計算し、均等になるように少ない生地は多い生地から足して調整する。

11

生地の外側を下に入れ込むようにして丸くする。裏側はつまんでとじ、とじ目を下にしておく。

12

ラップをかけて室温で10分休ませる。

13 カレーをボウルに入れ、マッシュポテトの素を加えてまぜる。数分おいてなじませ、おおまかに6等分する。

K.K.Baker

カレーを包みやすくするワザ

とろみのあるカレーはそのままでは包みにくいため、マッシュポテトの素を加えてかたさを出します。じゃがいもはカレーの具でもあるから、まちがいなく美味しい組み合わせ。マッシュポテトの素はカレーの重量の1割くらいを目安に加えます。

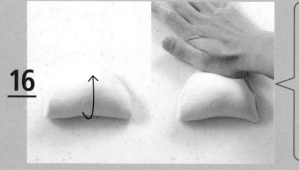

16 生地を手前から持ち上げてかぶせる。重なった端を親指のつけ根でギュッと押さえてとじる。

POINT

強めの力で押さえる

しっかり押さえてとじないと中身が出てきたり、中に残った空気が膨張して揚げる時に破裂することも。カレーの外側、生地が2枚重なる部分を強めの力で押さえて密着させる。

17 とじ目を上にしておき、手でラグビーボール形にととのえる。

最終発酵

🌡発酵温度
35℃

🕐発酵時間
オーブン
30-40min

＼ラップをかけて！／

発酵前　発酵後

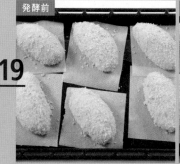

19 ラップをかけて最終発酵させる。オーブンの発酵機能を利用し、35℃で30〜40分にセットする。ひと回り大きくなればOK。

POINT

ひと回り大きく！が目安

成形時の力かげんやオーブンのくせなどによって、発酵が遅くなることも。時間ではなく、ひと回り大きくなることを目安にする。

成形

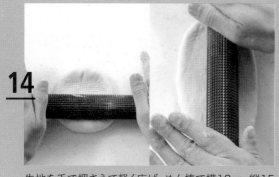

14 生地を手で押さえて軽く広げ、めん棒で横12cm、縦15cmくらいのだ円形に伸ばす。最初に中央から上下に、次に左右に伸ばすと形がととのいやすい。

15 カレーを生地の中心より少し上にのせる。

POINT

**縁から
ゆとりをもたせる**

縁にカレーがつくと、生地をとじる時にくっつかなくなってしまう。カレーは生地の縁から少しゆとりを持たせた位置にのせる。

＼ 軽く押さえて
パン粉を密着させる ／

18 クッキングシートを12×15cmくらいに切り、6枚用意する。生地のとじ目を下にして、とき卵（生地の残り）にくぐらせ、パン粉をつける。作業が終わったものはシートにのせる。

揚げる

＼ 低い温度で ／

20 フライパンに揚げ油を入れて150〜160℃に熱する。一度に3個ずつ揚げる。シートごと油に入れ、シートはすぐとり除く。片面がきつね色になるまでじっくりと揚げ、そっと返して反対側も揚げる。時間は両面で計8〜10分。残りも同様に揚げる。

POINT

2回に分けて揚げる

残りはラップをかけて室温で待機。揚げている時は、あまり触りすぎず、返すのは1回だけに。

／ じっくり揚げる ＼

K.K.Baker

低い温度で揚げる理由

高温で揚げてしまうと表面が焦げて、中の生地に生の部分が残ってしまいます。生地にしっかり火を通すために、ふだんの揚げ物よりも低い温度で、10分くらい時間をかけてじっくりと揚げます。揚げている時の音もふだんよりかなり静か。温度の確認は、菜箸を入れたときにこまかい泡が静かに上がる状態を目安にしてください。

生クリーム食パン

お店レベルの極上！

| 生地の種類 | 生クリーム生地 | 難易度 ★★★ |

トーストせずにそのまま食べることを前提に、ソフトな食感と口どけのよさを追究しました。生地をやわらかく仕上げるために水分が多く、こねてまとめるまでの作業は少し大変です。でも、そのぶん焼き上がったパンはお店で買う高級生食パンに引けを取りません。家でこの味が作れるなんて！とちょっと嬉しくなるはず。生クリームをふんだんに使った生地の美味しさを堪能してください。

HOW TO BAKE RICH WHITE BREAD

目指す食感

もちもち

身につくアレンジ力

・大きなパンを
　やわらかい食感に仕上げる

材料

	1斤分	1.5斤分	ベーカーズパーセント
強力粉	250g	400g	100
はちみつ	35g	56g	14
砂糖	15g	24g	6
塩	5g	8g	2
ドライイースト	4g	6g	1.5
生クリーム	50g	80g	20
水	125g	200g	50
バター（食塩不使用）	25g	40g	10
生地量	509g	814g	203.5

その他　強力粉…適量
　　　　バター（食塩不使用／型用）…5g

1.5斤分を焼くときは

手順10で生地を3等分し、手順16で型の両端と中央に入れる以外は、1斤分と同じ。170℃のオーブンで30分焼き、温度を200℃に上げて12分ほど焼く。

Memo

はちみつ

風味が加わるほか、保水性が高く、時間がたってもしっとり食感がつづく。

生クリーム

コクと香りが増し、リッチな味に。乳脂肪分36％の生クリームを使用。

動画
LESSON
生クリーム
食パン1

＊計量〜一次
発酵前まで

準備

▶ 材料をデジタルスケールで量る。

> 1g単位できっちり量る。

▶ バターは生地用、型用ともに室温においてやわらかくする。

▶ 水は40℃前後に温める。電子レンジ加熱なら20〜30秒が目安。

> イーストが活発に働く温度は32〜35℃。生地の温度が冷たいと発酵しにくいため、温めた水を使う。

生地作り

ボウルの中でまとめる ▼

水分を押し出す
イメージで

1 ボウルに**強力粉**、**はちみつ**、**砂糖**、**塩**、**イースト**を入れ、**生クリーム**、**温めた水**を加える。

2 ゴムべらを使い、ひとまとまりになるまでまぜる。

バターを入れてこねる
▼

疲れたら
休んでもOK！

4 生地を押さえて広げ、バターをのせて生地をかぶせる。手のひらのつけ根で押さえ、ぐりぐりとさせて生地の中でバターをすり込むようにしながらこねる。最初は生地がちぎれるが、2〜3分するとなじむ。

5 バターがなじんだら生地を丸めて両手で覆い、左右前方に交互に転がしながらこねる。台との摩擦で、生地の表面がなめらかになる。100〜150回が目安。

一次発酵

🌡 発酵温度
35℃

🕐 発酵時間
オーブン
50-60min

動画LESSON
生クリーム
食パン2

＊一次発酵後〜
焼き上がりまで

ラップをかけて！　　およそ2倍の
大きさが目安！

発酵前　　　　発酵後

7 ラップをかけて一次発酵させる。オーブンの発酵機能を利用し、35℃で50〜60分にセットする。およそ2倍の大きさになるのが目安。

POINT

**生地の大きさで
判断する**

粉や水の温度、こね具合などで、発酵がゆっくりになることもあるので、時間ではなく、生地が2倍にふくらむことを判断基準にする。ふくらみが足りない場合は5分ずつ時間をのばす。

▼

根気よく
こねて

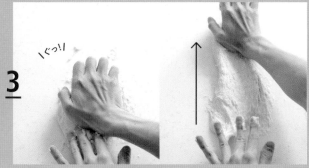

「ぐっ!」

3

生地を台にとり出す。生地を半分にたたみ、手のひらのつけ根でぐっと下に押し、遠くまで伸ばす。これをくり返す。まとまるまで時間がかかるが、次第にまとまる。生地に弾力が出るまでこねる。

K.K.Baker

生クリーム食パンの生地の特徴

生クリームが入ると濃厚でリッチな味になりますが、乳脂肪分（油脂）が多いので生地はつながりにくくなります。また、やわらかい食感に仕上げるために水分が多めで、手にくっつきやすく少しこねにくいです。シンプル食パンに比べて、こねる工程が大変な生地ですが、そこを乗り越えればお店レベルの食パンに！

6

POINT

グルテン膜をチェック

薄い膜が張る状態なら、グルテンがしっかり作られている。きめもととのっていれば、こねる作業は終了。

生地をゆっくりと伸ばす。薄い膜が張り、反対側の指が透けて見えればOK。均一に伸びなかったり、膜がすぐにちぎれたりするなら、さらにこねる。

K.K.Baker

いい生地の見極めポイント

〜しっかりこねる生地〜

1 表面がつるんとなめらか

2 押すと弾力がある

3 グルテン膜が薄く張る

▼

▼

▼

8

発酵の状態を確認する。指に強力粉をつけ、生地に差し込んで引き抜く。穴があいたままなら、発酵は完了。

9

上からやさしく押さえ、生地の中にたまったガスを抜く。全体をまんべんなく押さえる。気泡がある場合はつぶしてOK！

10

生地を計量する。台の上でカードで2分割し、全量の重さをもとに、均等になるように調整する。少ない場合は、多い生地から少し切って足す。なるべく正確に。

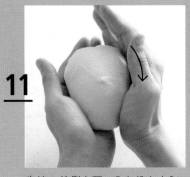

11 生地の外側を下に入れ込むようにして丸くする。裏側はつまんでとじ、とじ目を下にしておく。

12 ラップをかけて室温で10分休ませる。

13 型とふたの内側にまんべんなくバターをぬる。ラップを利用してぬり広げると手が汚れない。

15 手のひらで全体を軽くつぶして厚みをととのえてから、手前を少し折って指でギュッと押さえる。それを芯にして少しずつ巻いては指で生地を押さえて引き締めるをくり返し、最後まで巻く。

最終発酵

予熱する 🌡 170℃

🌡 発酵温度
35℃

⏱ 発酵時間
オーブン
50-60min

型に入れた状態で
ラップをかけて!

発酵前　発酵後

17

ラップをかけて最終発酵させる。オーブンの発酵機能を利用し、35℃で50〜60分にセットする。型の深さの8〜9割までふくらめばOK。発酵終了後、天板ごとオーブンを予熱する。

POINT

時間でなく型の深さの8〜9割が目安

成形のときの力かげんやオーブンのくせなどによって、生地の発酵がゆっくりになることもある。時間ではなく、型の深さの8〜9割までふくらむことを目安にする。ふくらみが足りない場合は、5分ずつ発酵時間を追加して。

成形

カードを差し込んで
折るとスムーズ

14

台に打ち粉（強力粉）を振る。生地のとじ目を上にして台におき、手で押さえて直径18cmくらいに広げる。生地を左右から⅓ずつ折り、三つ折りにする。

16

巻き終わりを下にして型の端に入れる。残りも同様に巻いて型の反対側の端に入れる。最終発酵でかなりふくらむため、間隔をあける。

POINT

巻き終わりを下に

巻き終わりが下になっていれば、生地自体の重さがかかるのでとじなくても大丈夫。まちがって巻き終わりを上にすると、そこからふくらんで形がくずれるので、必ず生地の向きを確認して入れる。

焼成

18

型にふたをする。ふたがきちんとはまっていないと、生地が盛り上がって形がくずれるので、必ず確認を！

🌡温度	⏱時間
170℃	**20min**

▼

🌡温度	⏱時間
200℃	**7min**

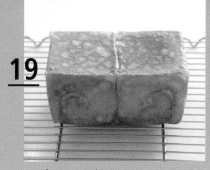

切り分けるのは必ず
あら熱がとれてから

19

170℃のオーブンの下段に入れて20分焼く。その後、温度を200℃に上げて7分焼く。焼き上がったらすぐに型を数回たたいて衝撃を与え、パンを型から出す。網にのせて冷ます。

あんこロール食パン

生地の種類 食パン生地 **難易度** ★★★

くるくる渦を巻いた見た目が華やかな食パンで、どこを食べてもあんこにヒットします。そのままでも美味しいですが、トーストしてバターをぬると最高！ ベースの生地はシンプル食パン（p.14）と同じで、生地を伸ばしてあんこをぬって巻くことで、この模様が出ます。きれいな渦巻きにするには、生地を薄く四角く伸ばすことが大事。いろいろな味にアレンジするのも楽しいですよ。

HOW TO BAKE WHITE BREAD with red bean paste

目指す食感

ふんわりもっちり

身につくアレンジ力

・食パンにペーストを巻き込んで焼く

こんなアレンジも！

抹茶あんこロール食パン
ジャムロール食パン
→p.108を参照

材料

	1斤分	1.5斤分	ベーカーズパーセント
強力粉	250g	400g	100
砂糖	20g	32g	8
塩	5g	8g	2
ドライイースト	3g	5g	1.2
水	170g	272g	68
バター（食塩不使用）	20g	32g	8
あんこ	200g	320g	80
生地量	668g	1069g	267.2

その他　強力粉…適量
　　　　バター（食塩不使用／型用）…5g

1.5斤分を焼くときは

生地作りから型に入れるまでは1斤分と同じ。200℃のオーブンで32分焼く。

Memo

あんこ

ペースト状で均一にぬり広げやすいこしあんを使用。ゆであずき缶は水けが多いのでNG。

準備

▶ 材料をデジタルスケールで量る。

1g単位できっちり量る。

▶ バターは生地用、型用ともに室温においてやわらかくする。

▶ 水は40℃前後に温める。電子レンジ加熱なら30〜40秒が目安。

イーストが活発に働く温度は32〜35℃。生地の温度が冷たいと発酵しにくいため、温めた水を使う。

生地作り～
一次発酵

＊発酵終了まで

p.16～18「シンプル食パン」の手順**1**～**9**（一次発酵終了まで）を参照して生地を作る。

動画LESSON
あんこロール食パン1

＊計量～一次発酵前まで

一次発酵
後から

＊発酵終了後の状態から説明

動画LESSON
あんこロール食パン2

＊一次発酵後～焼き上がりまで

フィンガーテストをする	ガス抜きをする

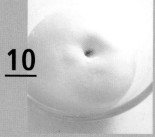

10

発酵の状態を確認する。指に強力粉をつけ、生地に差し込んで引き抜く。穴があいたままなら、発酵は完了。

11

上からやさしく押さえ、中にたまったガスを抜く。全体をまんべんなく押さえる。気泡はつぶしてOK！

生地作り

15

台に打ち粉（強力粉）を振り、生地をとじ目を下にしておき、軽くつぶして平らにする。めん棒を十字にあてる。中央から上下に転がし、次に左右に伸ばす。軽めの力で少しずつ伸ばし、16×40cmの長方形にする。

> **POINT**
>
> **中央から
> 上下、左右に**
>
> 生地を伸ばす時は、めん棒の位置は常に中央からスタート。中央から上下に、中央から左右に押し広げると、均一に伸ばせる。最初から強い力をかけず、軽めの力で少しずつ伸ばす。

17

)2cm

巻き終わりになる奥2cmは残して、あんこを均一にぬり広げる。

> **POINT**
>
> **3カ所に分けて
> のせる**
>
> あんこを前方、中央、奥の3カ所に分けてのせると、均一にぬり広げやすい。

18

手前を少し折って芯にし、両端の生地がなるべくずれないように注意しながら巻く。

12 台の上で生地の外側を下に入れ込むようにして丸くする。裏側はつまんでとじ、とじ目を下にしておく。

13 ラップをかけて室温で10分休ませる。

14 型とふたの内側にまんべんなくバターをぬる。ラップを利用してぬり広げると手が汚れない。

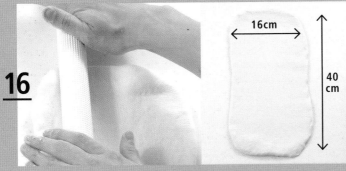

16 端まで完全に伸ばさず、少し生地の厚みを残すのがコツ。こうすると別の方向に伸ばすときに、その部分の生地が隅を埋めて角が出て四角い形にととのいやすい。

16cm
40cm

K.K.Baker

長く伸ばす

伸ばす目安のサイズは、横は型の幅に合わせて16cm（ふくらむので少し短く）で、縦は40cmと長めです。あんこをぬり広げて巻きますが、巻く回数が多いほうがあんこは均一に行き渡り、渦巻きが増えてカットした時にきれいです。生地の伸びが悪い時は、乾燥防止にラップをかけて5分ほど休ませてから、再開するといいです。

強めの力で
つまむ

とじ目を
下に

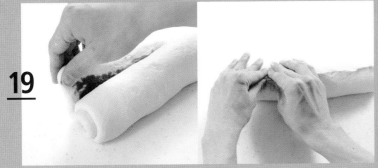

19 最後は生地の端を少し引っ張るようにして、端のラインをそろえる。巻き終わりをつまんでとじる。

20 とじ目を下にして型に入れ、ラップをかける（このあと最終発酵させる）。

最終発酵

🌡 **発酵温度**
35℃

⏱ **発酵時間**
オーブン
50-60min

<u>21</u>

┌ 型に入れた状態で
ラップをかけて! ┐

発酵前　　　　　発酵後

最終発酵させる。オーブンの発酵機能を利用し、35℃で50〜60分にセットする。型の深さの8〜9割までふくらめばOK。発酵終了後、天板ごとオーブンを予熱する。

POINT
**型の深さの
8〜9割が目安**

成形時の力かげんやオーブンのくせなどによって、生地の発酵がゆっくりになることもある。時間ではなく、型の深さの8〜9割までふくらむことを目安にする。ふくらみが足りない場合は、5分ずつ発酵時間を追加して。

<u>22</u>

型にふたをする。ふたがきちんとはまっていないと、生地が盛り上がって形がくずれるので、確認を!

POINT
**焼成時にさらに
ふくらむ**

最終発酵の段階で型の高さの8〜9割までふくらんでいるが、焼くとさらにふくらむ。ふたをしていることで、ふくらんだ生地が頭打ちして型の隅へと広がり、しっかりと角が出た食パンに焼き上がる。

焼成

🌡 **温度**
200℃

⏱ **時間**
25min

<u>23</u>

┌ 切り分けるのは必ず
あら熱がとれてから ┐

200℃のオーブンの下段に入れて25分焼く。焼き上がったらすぐに型を数回たたいて衝撃を与え、パンを型から出す。網にのせて冷ます。

アレンジ・アイディア

巻くものを変えて、
いろんなロール食パンを楽しみましょう。
ペースト状のものなら
切ったときにきれいな渦巻きができます。

抹茶あんこロール食パン
ジャムロール食パン

手順**17**で、「抹茶あんこロール食パン」は白あん200gに抹茶パウダー5gをまぜたものをぬる。「ジャムロール食パン」はいちごジャム150gにコーンスターチ6gを加えてまぜ、電子レンジ（600W）で90秒加熱してまぜ、さらに60秒加熱し、あら熱をとったものをぬる。

Arrange recipe

カレーパンと同じ生地で

専門店みたいな
イーストドーナツ

難易度 ★

材料

p.93参照

アイシング
粉糖…90g　水…15g～

その他
揚げ油…適量

生地作り~
一次発酵

＊ベンチタイム終了まで

p.94～95「カレーパン」の手順1～12（ベンチタイム終了まで）を参照して生地を作る。

成形

＊ベンチタイム後の状態から説明

動画LESSON
イーストドーナツ
＊成形～でき上がりまで

13

生地の中央に親指を差し込んで広げ、3cmくらいの穴をあける。12×12cmに切ったクッキングシートにのせる。

最終発酵

発酵後

14

ラップをかけて最終発酵させる。オーブンの発酵機能を利用し、35℃で30～40分にセットする。ひと回り大きくなればOK！

両面で
10分ほど

15

フライパンに揚げ油を入れて150～160℃に熱する。一度に3個ずつ揚げる。片面がきつね色になるまで低い温度でじっくりと揚げ、返して反対側も揚げる。

アイシングは途切れずに
ゆっくり流れ落ちるかたさが目安

16

粉糖に水を加えてまぜて、アイシングを作る。ドーナツの片面をつけ、網の上にのせる。アイシングが固まるまでそのまま置く。

パン作りのための道具

基本の道具

どのパンにもほぼ共通して使用する道具がこちら。
特別なものはカードだけで、ほかの道具はふだんキッチンにあるものばかりです。

ボウル

生地作りに使用。直径21〜24cmが使いやすい。材質は耐熱ガラス、ステンレスどちらでもOK。

ゴムべら

生地をまぜる時に使用する。へら部分がシリコン製で、かためでしっかりすくえるタイプがおすすめ。

横幅が約12cmと覚えておくと、成形時に生地の幅の見当をつけるときに役立つ。

\ あると便利！/

カード

ボウルから生地を出したり、台についた生地を集めたり、分割する時などに使う。

デジタルスケール

塩やイーストなどは少量を計量するので、1g単位で最大2kgまで量れるデジタル式を使う。水や牛乳もスケールで正確に計量する。

ラップ

幅30cmのものを用意。パン生地は乾燥に弱いため、発酵やベンチタイムはもちろん、成形の時に待機する生地にもラップをかける。

クッキングシート

幅25〜30cmのものを用意。オーブンの天板に敷いて生地のくっつきを防止する。バゲット（p.66）では、最終発酵時に使用。

タイマー

発酵時間やベンチタイムを計るために使用。発酵については時間だけに頼らず、生地の様子を見て判断すること。

オーブン

電気オーブンとガスオーブンの2種類がある。本書では電気オーブンを使用した場合の温度や焼き時間を表示。発酵機能を備えている機種がほとんどで、一次発酵、最終発酵ともオーブンで行う。

作るパンによって必要なもの

型に入れて焼く、成形に特徴があるなど、パンのレシピはいろいろ。
道具を少しずつそろえると、作れるパンの幅が広がります。

めん棒

生地を平らに伸ばすための棒。大小あると便利だが、大きいめん棒1本だけでもOK。写真はパン用のガス抜きめん棒。

霧吹き

ハード系のパンに使う。生地にこまかい霧を吹き、高温で焼くことで表面がパリッと焼き上がる。

クープナイフ

生地に切り込み（クープ）を入れるための専用のナイフ。ふつうのナイフや包丁、顔剃り用のカミソリでも代用できる。

キッチンばさみ

ベーコンエピ（p.74）の成形のほか、プチフランス（p.22）で切り込みを入れる時に使う。

菜箸

白パン（p.30）の成形で使う。生地に深く押しあてて上下に転がし、溝を作る。

茶こし

パンの表面に強力粉や上新粉を振る時に使う。目のこまかいタイプを選んで。

ハケ

生地の表面に油脂やとき卵をぬる時に。型の内側にバターをぬる際に使っても。豚やヤギなど、天然毛のタイプがほどよくかたさがあってぬりやすい。

食パン型

本書では1斤型を使用（材料は1.5斤分も併記）。ふたをしなければ山型食パンが、ふたをすれば角食パンが焼ける。材質は丈夫で熱伝導率がよいアルタイトがおすすめ。

完全感覚ベイカー

1991年12月31日神奈川県生まれ。お家パン研究家、YouTuber。
幼少期から料理やパン作りが好きで、大学では発酵食品学を専攻。
飲食店で実務経験を積んだのち、料理教室講師を経て、
2018年より誰でも失敗なく作れるパンとケーキをテーマに
YouTubeをスタートさせる。理論的でわかりやすい解説に定評があり、
チャンネル登録者は14万人を超える。

はじめてでもコツがわかるから失敗しない
パン作りが楽しくなる本

2021年5月27日　初版発行
2023年3月10日　5版発行

著者／完全感覚ベイカー

発行者／山下　直久

発行／株式会社KADOKAWA
〒102-8177　東京都千代田区富士見2-13-3
電話　0570-002-301(ナビダイヤル)

印刷所／凸版印刷株式会社

材料協力
TOMIZ（富澤商店）
オンラインショップ　https://tomiz.com/
電話番号：042-776-6488